南开法律评论

NANKAI LAW REVIEW

南开大学百年校庆
暨迎庆南开法学学科创建四十周年专刊

主编／王海龙

·总第十四辑·

《南开法律评论》编委会

目　　录

杨凌自贸片区应对国际农产品
贸易壁垒的法律保障

——自由贸易试验区框架下的制度检讨与因应

刘学文[*]

摘　要：中国（陕西）自由贸易试验区杨凌片区作为全国唯一的农业自贸片区，在国际贸易框架下，亟待构建农业贸易壁垒预警与应对机制。美、欧、日等发达经济体以其极具单边主义特征的贸易政策，加剧了农产品贸易的扭曲和失衡。由于制度缺位等原因，杨凌自贸片区在应对国际农产品贸易壁垒方面乏善可陈。未来须立足农产品全球贸易治理体系，通过完善政府、社会服务机构、涉农企业、农产品协会或商会等四大类农产品贸易救济主体的权能，强化农产品生产与流通体制改革与行业组织建设，建立贸易壁垒预警机制指标体系和大数据平台，实施全方位的农业地方立法，进而在自由贸易试验区的制度框架中构建国际化、多样化、对向性的农业贸易壁垒因应机制。

关键词：中国（陕西）自由贸易试验区　杨凌自贸片区　农产品　国际贸易壁垒　预警机制

---

　* 刘学文，法学博士，西北政法大学国际法研究中心/国际法学院副教授、博士后（在站）、硕士生导师，西北政法大学"一带一路"发展战略重大国际法问题研究青年学术创新团队成员，主要研究方向：国际农业法、国际经济法、国际数字贸易法。本文为如下课题的阶段性研究成果：国家社科基金一般项目（18BFX213）:《"一带一路"背景下跨境电子商务平台法律保障机制研究》；中国博士后科学基金第66批面上资助（编号：2019M663954XB）:《国际贸易数字化转型的法律因应研究》；中国法学会部级法学研究课题:《农业供给侧结构性改革的公平贸易导向与法律治理研究》（编号：CLS〔2017〕D184）；陕西省贸促会委托项目:《中国（陕西）自贸区农业国际合作法律保障机制研究项目》。

农业事关一国的社会稳定、粮食安全、农民生计、农村治理和经济结构配置，因此各国通常对本国的农业生产和农产品出口实施一系列补贴与政策支持，而对他国农产品在市场准入方面施加诸多限制，导致农产品领域的贸易摩擦日益增多。在全球积极倡导贸易自由化，特别是持右派理论的学者强调"发展中国家应该立即无条件地接受自由贸易"[①] 的形势下，当前国际贸易领域存在较为严重的规则失衡问题，这以极具脆弱性的农产品贸易领域的公平价值缺陷最为典型。可以预见在不久的将来，农产品贸易摩擦将成为所有贸易形式中争议最多且最难解决的领域。现有的国际贸易规则尽管奉行贸易自由化的主流价值，但贸易保护主义如影随形。

一、全球视野下农产品贸易壁垒发展形势之分析

农产品关乎一国的粮食安全与国家经济的总体安全，因此农业向来是敏感领域。1955 年，关贸总协定允许美国限制其农产品进口，这一举动免除了美国在关贸总协定中农业领域的义务。美国和欧洲随后相继构建起复杂的农业收入支持机制，农业领域的贸易自由化随即止步不前。此后的贸易自由化议程中就农业议题很难达成一致。尽管乌拉圭回合之前，各国曾尝试通过商品协定的谈判来解决工业国家和中等收入国家的国内农业政策的根本性问题，但均以失败告终。[②] 这些发达经济体都会通过政策、法令、行政命令等形式作出与多边纪律不一致的举措，造成的后果是：多边贸易协定被歪曲或被闲置，从而对其他国家尤其是对发展中国家造成不利影响。这使得农产品公平贸易的实现变得十分困难，农产品的国际法治更加的"碎片化"。因此，考查美、欧、日等主要经济体极具单边主义特征的国内农业立法以及公平贸易法律、政策，分析其与现有多边贸易的相符和不符之处，追求其中内在的公平价值，为此后农产品全球贸易治理寻找和创造更加适宜的公平路径奠定了坚实基础。

（一）农产品"两反一保"贸易壁垒

"两反一保"贸易救济立法一般是学理上对反倾销、反补贴和保障措施的统称。近年来，农产品"两反一保"贸易救济在国际贸易争端中所占比例逐

---

① Joseph E. Stiglitz, Andrew Charlton, *Fair Trade for All: How Trade Can Promote Development*, Oxford University Press, 2007, p. 35.

② Tim Josling, Protectionism in Agriculture: Slow Progress Towards Freer Trade in Agricultural Products, *Open Economies Review*, Kluwer Academic Publishers, 1993, p. 211 – 228.

年提升。囿于农产品的政策复杂性和高度保护性，加之 WTO 多边贸易规则对农产品贸易救济的特殊安排，使农产品贸易救济在现实中面临极大的贸易扭曲风险。加之 WTO 多边协定关于农产品贸易救济的特殊安排或者不完善、有失公平的条款，很容易被一些国家滥用，成为其开展贸易保护的重要手段。中国多年来成为外国贸易救济的主要对象国，为此遭受了很大损失。农产品领域遭遇的外国贸易救济也为数不少且在逐年增多。因此，当前中国面临着如何有效防止外国农产品贸易救济滥用的不利情势。

1. 美国农产品贸易救济立法的演进

美国有着复杂的贸易救济体系，无论是从实体规范到程序规范，还是从主要制度的设定到具体计算的细节均体现出明显的保护主义特征，譬如备受质疑的 "201 条款" 和 "301 条款"、反倾销中的 "归零法" 以及非市场经济规则等，特别是 2012 年 3 月颁布的《1930 年关税法修订案》授予商务部对所谓 "非市场经济国家" 课征平衡税，而且将时间追溯至 2006 年 11 月 20 日，这随即引起了中美两国在 WTO 争端解决机构中的诉争。这些贸易救济措施对农产品贸易造成特别的扭曲，使得美国农产品长驱直入别国市场，而别国农产品进入美国市场则备受限制。美国的此项保护主义规则是其欲借助单边主义的国内立法，以达到干预对象国贸易体制甚至影响世界贸易格局的目的，是一种严重违反公平正义的做法。它的诞生被认为是美国对外贸易史上由自由贸易政策转向贸易保护主义的标志性事件。由于其规则本身的含混性以及特殊的授权增大了权力滥用的风险，违背了程序公平的正当性。另外，因其涉及范围广阔、适用标准低、调查启动灵活等，成为美国对外推行其保护主义贸易政策的重要工具。这更是缺乏实质公平的表现，没有实质公平的矫正，程序公平势必难以实现。

2. 欧盟农产品贸易救济立法的演进

欧盟法的含义广阔，其法律渊源既包括制定法，也包括判例法。具体包括由部长理事会、欧盟委员会、欧洲议会等主要立法机构各自制定的欧共体基础条款、欧共体机构制定的二级立法以及欧共体与其他国际法主体达成的国际条约三种大的类型。① 在欧共体创建之前以及创建之初，欧共体成员国各自拥有国内贸易救济法律体系。20 世纪 60 年代中期，欧共体成员国共同决定构建在共同体范围统一适用的贸易救济法律体系。直到 1968 年 4 月，这一愿望才得以实现。

---

① 黄东黎、何力：《反补贴法与国际贸易：以 WTO 主要成员方为例》，社会科学文献出版社 2013 年版，第 145—148 页。

欧盟的贸易救济立法最早可追溯至 1958 年初生效的《罗马条约》，其设定了一个长达 12 年的过渡期，这使欧盟成员国的贸易救济法律在很长一段时期内自成体系，冲突不断。由于这一问题的存在，导致一些出口商采取规避调查的措施，即先将货物出口到不实施贸易救济的成员国然后再流通于欧共体范围。

欧共体于 1968 年颁布的《关于防止来自共同体之外进口产品倾销与补贴条例》（EC 459/68）规定欧洲共同体当局可以就来自第三国的产品实施反倾销与反补贴调查，这被认为是欧共体范围内第一部统一的、适用于全体成员国的贸易救济立法。① 该条例采取与《1967 年反倾销守则》十分相似。1973 年欧共体公布了第 2011/73 号条例对此进行了修订，强化了欧共体委员会的反倾销职权，设立了协商程序。1979 年欧共体发布的第 1681/79 号、第 3017/79 号条例，围绕程序透明度、非市场经济国家标准和因果关系等问题进行了修正。1984 年发布的第 2176/84 号法令创立影响深远的"日落复审"规则。1987 年的第 1761/87 号法令设立反规避措施。1994 年 3 月，《欧共体反倾销法》得到重大修订，如将决策中的投票规则由特别多数票决改为简单多数票决；为反倾销各个阶段作了严格的时间限定。

欧共体于 1968 年发布的前述 459/68 号条例赋予反补贴主管机关针对第三国的产品补贴行为采取行动，该条例被认为是欧共体范围内首个反倾销与反补贴立法。② 在此后很长一段时期，欧共体的反补贴与反倾销共用同一套法律规范，直到 1994 年底《SCM 协定》的签署。欧共体为了实施《SCM 协定》的各项要求，出台了欧盟历史上首部单独的反补贴条例（EC 3284/94）。1997 年10 月 6 日，欧共体理事会发布《从欧共体非成员国进口的反补贴保护条例》（EC 2026/97）取代了 1994 年不成熟的反补贴法律版本。2009 年 6 月，欧盟理事会发布《对预防来自非欧共体成员国家的进口补贴进行保护（编纂本）》（EC 597/2009），使得 1997 年版本得以废止，该条例至今有效。

时至今日，欧盟形成了包括农产品贸易救济在内的高度一体化贸易救济法律体系。同时，其对中国农产品的贸易救济措施也在逐年上升。如在 2004 年，欧盟就对来自中国的柑橘罐头产品启动临时保障措施和关税配额限制，极大地打压了中国柑橘罐头产品向欧洲的出口。随着中国等发展中国家对欧盟农产品

---

① 黄东黎、何力：《反补贴法与国际贸易：以 WTO 主要成员方为例》，社会科学文献出版社 2013年版，第 158 页。

② 黄东黎、何力：《反补贴法与国际贸易：以 WTO 主要成员方为例》，社会科学文献出版社 2013年版，第 158 页。

出口的增加，欧盟的贸易救济体系必将全面应用于农产品的贸易救济。而欧盟的反倾销、反补贴和保障措施立法在一定程度上体现出贸易保护主义特征。这在欧盟与贸易对象爆发的大量案件中可以窥见端倪。这些立法从形式上看，基本符合程序公平，满足稳定性、透明度、权威性、一致性等要素，但在实践中难以操作。在一些比较细致的立法内部渗透出单边主义的倾向，如欧盟与美国大体类似的非市场经济地位规则，更是对中国这样的发展中国家造成贸易歧视。这也与罗尔斯所确立的公平的机会平等原则不相符合，更难以体现差别原则。

（二）农产品技术性贸易壁垒

所谓"技术性贸易壁垒"，是指国家为了构建健康良好的公共秩序、维护人体健康和动植物卫生、促进生态平衡、确保环境质量安全等，通过立法为国际贸易设定的一系列技术性措施（含技术法规与标准、检验检疫措施、合格评定程序、绿色技术壁垒、信息技术措施、包装要求等），以阻止外国产品自由进入本国市场的行为。

1. 美国农产品技术性贸易壁垒概述

美国贸易代表署办公室的迪米特里欧斯·马兰提斯（Demetrios Marantis）大使制作了一份长达 93 页的《2013 年技术性贸易壁垒报告》（2013 *Report on Technical Barriers to Trade*），综述了与标准有关措施的贸易义务、美国为实施与标准有关贸易义务的法律与行政框架，合格评定程序，美国在识别与标准有关的贸易壁垒以及决定如何解决该问题的程序，美国在国际、区域以及双边论坛中与标准有关措施的交往，2012—2013 年与标准有关措施的趋势，以及国别报告等。[①] 因此，美国有着复杂的技术性贸易壁垒，这些技术性壁垒近年来成为美国实施贸易保护主义的主要工具，大有取代反倾销、反补贴的趋势。

美国的农产品技术贸易壁垒体现如下特征：第一，通过持续颁布各类技术法规，不断加强农产品技术要求。第二，实施严格的食品标签认证规则。

2. 欧盟农产品技术性贸易壁垒

欧盟通过一系列立法，构建了全世界最为复杂、缜密与配套的技术性贸易壁垒法律体系，表现为技术性法规（包括条例、指令与决定）、合格评定程序（包含 8 种模式）、技术标准、标签要求、包装规程。仅以欧盟的技术性指令

---

① See Ambassador Demetrios Marantis, 2013 *Report on Technical Barriers to Trade*，载 http：//www.us-tr.gov/sites/default/files/2013%20TBT.pdf，最后访问日期：2019 年 5 月 20 日。

为例，早在 1960—1985 年，数量就达到 300 多个。① 当前的欧盟农产品技术壁垒概括起来主要包括：肉类进口管理措施、冷冻禽类产品新规、大米产品检测要求、转基因产品标签要求、果汁成分添加与标注、食品符合产品证书授予、茶叶进口农残标准、水果与蔬菜进口法规、预包装食品过敏源管控、食品接触材料控制。

欧盟农产品主要技术性立法可分为如下两类：一是欧盟食品安全领域的相关立法；二是欧盟农产品技术标准、包装与标签要求等规则体系。

综上所述，欧盟农产品技术性贸易壁垒立法能够充分保护欧盟范围流动的农产品从生产、流通、贸易到消费诸环节的安全性。但同时这些立法体现出很强的单边主义特征，对农产品贸易的扭曲作用是十分明显的。如在美国、加拿大与阿根廷诉欧共体影响生物技术产品的批准及销售措施案中，专家组最后裁定欧共体实施的"普遍暂停"等安全措施并未建立在《SPS 协定》第 5.1 条风险评估的基础上实施，因此欧共体违反了其在该条下的义务，从而也违反了《SPS 协定》第 2.2 条。② 此外，由于立法的频繁更迭，法律的稳定性和可预测性难以保障，欧盟农产品技术性贸易壁垒的正当性缺陷也可从很多案件中反映出来。

3. 日本农产品技术性贸易壁垒

日本是发达国家中最为重视技术性贸易壁垒的国家之一，它有着全世界最为先进的农业技术性贸易壁垒立法体系。为了稳定本国农业生产，积极应对外来低价农产品对日本农业生产造成的冲击，日本将其在 WTO《农业协定》项下的义务抛诸脑后，擅自高筑关税和非关税壁垒，阻止外来大米的进口。如日本曾对大米课征 778 个百分点的高关税。而且在非关税壁垒方面主要通过采取技术性贸易壁垒阻止对大米的进口，如日本厚生劳动省于 2014 年初发布的根据 1947 年《食品卫生法》第 11.1 条修订乙氧喹啉在大米等产品中的残留标准。③ 对从特定国家或地区进口的农产品施加严苛的标准限制，如对大米进行详细分类，附加一系列巨细无遗的价格基准、品质要求和卫生标准，全方位限制跨国大米的进口贸易活动。④

从大的方面来说，技术性贸易壁垒可以被划分为环境与卫生安全法规、技术性标准、标签制度、符合性审核程序与消费者权益保护法几大类，其中非强

① 韩可卫：《欧盟技术性贸易壁垒的主要措施及借鉴》，载《贵州财经学院学报》2006 年第 2 期。
② 朱榄叶：《WTO 争端解决案件新编》，中国法制出版社 2013 年版，第 114—116 页。
③ 食品、添加物等的规格基准的一部を改正する件について，载 http://www. forth. go. jp/kene-ki/kanku/syokuhin/tsuuchi/2013/1/21_1. pdf，最后访问日期：2019 年 5 月 15 日。
④ 侯石安：《农业补贴的国际比较研究》，中国财政经济出版社 2013 年版，第 49 页。

制性的技术性标准是技术性贸易壁垒的重要内容。日本与农产品有关的众多技术性贸易壁垒中，影响最大的主要有科学配套的农业环境与卫生安全立法体系、肯定列表制度农残规定体系，以及刚刚兴起的碳标签法律体系。

（三）农产品"蓝色壁垒"

自 20 世纪 80 年代以来，随着贸易自由化的深入，一些发展中国家的低劳动成本产品大量涌进发达国家并获得较强的市场竞争力，加之发达国家国内失业率的增高，诸多工会等社会机构开始呼吁对这种行为实施制裁，贸易保护主义的呼声不断高涨，"蓝色壁垒"随即产生。所谓"蓝色壁垒"（blue trade barriers），也称"社会壁垒"，是指散见于诸多国际公约中的旨在保护劳动者权益的各类劳工权利、劳动者待遇、社会保障与劳动技术标准等规范与贸易相挂钩，从而形成的贸易壁垒形式。在国际劳工组织建立之初就试图将劳工标准引入国际贸易之中，由于 1919 年出席巴黎和会的英国代表团起草的国际劳工组织章程草案未获认可，最终其未被成功纳入。① 因此，当前的 WTO 法律体系并未直接规定劳工条款，因为各国普遍担心劳工条款可能对贸易造成抑制作用。当然，劳工条款本身具有很大的进步意义，尽管国际劳工标准的产生以国际贸易竞争为前提，但国际劳工标准却是自足的体系，它并不服务于国际贸易，而是用来维护社会正义、促进以人为本的社会进步的。② 因此，国际劳工标准不得用作贸易制裁的手段。

后来，由于美欧等发达经济体出于将劳工标准与对发展中国家的普惠制相挂钩的需要，支持民间性质的"社会责任 8000 国际标准"（Social Accountability 8000 International standard，SA8000）走向类政府壁垒。因此，当前，"蓝色壁垒"主要是一种以蓝领劳动者的劳动环境和生存权利为基础，以 SA8000 社会责任体系为核心标准的新型贸易保护措施。③ 总之，"蓝色壁垒"由《经济、社会与文化权利国际公约》《男女同工同酬公约》与《儿童权利公约》中的劳动标准、劳动待遇、劳工权利和劳动者社会保障等社会条款演变而来，因此其实质上是国际贸易与国际劳工标准挂钩的结果。

近年来，发达经济体在国内法律和政策中提倡的 SA8000 认证，直接将贸易商的生产过程与劳工权益相联结，力促出口产品的生产企业将劳动者的工作

---

① 刘波：《国际贸易与国际劳工标准问题的历史演进及理论评析》，载《现代法学》2006 年第 3 期。

② 杜晓郁：《全球化背景下的国际劳工标准分析》，中国社会科学出版社 2007 年版，第 133 页。

③ 参见王性玉：《蓝色壁垒对我国的影响与对策研究》，载《经济管理》2006 年第 16 期。同时参见荀克宁：《蓝色贸易壁垒的辩证审视与理性应对》，载《东岳论丛》2012 年第 9 期。

环境、工作时间和最低工资标准与国际相接轨。我国出口产品中，纺织品、运动器材、家具、成衣、日用五金、玩具、鞋类相继遭遇发达国家"蓝色壁垒"的限制，在很大程度上妨碍了我国产品的出口贸易。尽管目前鲜有农产品遭遇"蓝色壁垒"，但随着农业生产技术的提高，我国农产品出口规模不断增大，加之中国的农业人口较多且并未构建现代化的农业生产体系，未来农产品领域更容易遭遇各国设置的"蓝色壁垒"。

（四）农产品"低碳壁垒"

发展"低碳农业"，构建"低碳农产品"生产体系是农业供给侧结构性改革的重要内容，也是农业发展的重要趋势。而"低碳农业"的理念，发端于"低碳经济"。"低碳经济"这一概念在 2003 年英国政府发布的《我们能源之未来：创建低碳经济》的白皮书（DTI2003）中首次被提出；随着实践的发展，其内涵不断得以扩展，融合了低碳发展、低碳产业、低碳技术、低碳生活等一类经济形态的概念。2007 年，美国参议院通过了《低碳经济法案》（*Low Carbon Economy Act of* 2007），预示着低碳经济已成为美国的重要国家战略。2007 年 12 月，联合国气候变化大会在制定"巴厘岛路线图"（Bali Roadmap）之后，"低碳经济"的概念真正实现了由一国范围向全球范围的扩展。① 由于发达经济体的低碳经济高要求，诉诸贸易管理，可能会形成低碳贸易壁垒。近年来，一些国家针对进口产品通过征收碳关税、推行碳标签或低碳订单、实施生态设计要求或低碳产品认证、提高碳技术标准等形式，阻碍外国高碳排放产品的进口，进而形成的国际贸易的壁垒形式，一般称之为"低碳壁垒"。②

低碳壁垒具有如下特征：第一，非平衡性。低碳壁垒显然是一些发达国家背离了《里约宣言》或《京都议定书》所确立的"共同但有区别责任原则"的单边措施。然而，这一趋势却难以避免。因此，低碳壁垒的这种不平衡性短期之内将难以避免。第二，隐蔽性。低碳贸易壁垒是建立在歧视待遇和保护国内产业基础上的措施。一些发达国家常借生态环境保护之名，而行贸易保护政策之实。相较配额、许可证等非关税壁垒形式，更具隐蔽性。③ 第三，普遍性。低碳壁垒涉及的领域十分广泛，几乎涵盖中国所有重点出口行业。第四，实施效果的多面性。低碳贸易壁垒本身很难一概认定它是贸易保护主义，因它

---

① 沈一娇、刘正：《低碳壁垒对我国出口贸易的影响及我国应对的法律措施——以江苏出口贸易为视角》，载《行政与法》2011 年第 1 期。

② 彭永华、刘昕：《低碳壁垒对我国出口贸易的实质影响与应对思考》，载《行政与法》2011 年第 1 期。

③ 王蕴琪：《低碳贸易壁垒的内容、影响及应对措施》，载《企业经济》2012 年第 3 期。

既有积极作用，同时又兼具消极作用，至于如何区分，依赖其实施动机。

二、杨凌自贸片区应对农产品贸易壁垒不足之研判

（一）农业产业主体模糊制约了贸易救济调查启动

于一国而言，贸易救济调查应该包括两个方面：一方面是本国主管机关对来自外国的进口产品启动贸易救济调查，另一方面是外国主管机关针对本国产品出口启动的贸易救济调查。因此，我国启动农产品贸易救济措施以及应对外国对华农产品贸易救济调查两方面都面临着挑战。以我国农产品反倾销为例，因涉及主体十分复杂，可能包括出口国的农场主和牧场主、农产品加工企业、进口农产品加工企业和经营企业、进口国农户、上游供应商、下游消费者。如2014 年包括主粮在内的谷物净出口同比增长 86%，外国农产品低价倾销长驱直入我国市场，却很少有主体申请启动反倾销调查。1995 年至今仅有为数不多的几起反倾销调查，要么为主要产品生产企业牵头发起，要么由行业协会发起。譬如，近年来比较成功的申请调查案例是：2009 年 8 月，由中国畜牧业协会向商务部提请对从美国进口白羽肉鸡实施"双反"调查；2005 年 12 月，黑龙江的沃华马铃薯制品有限公司牵头国内 17 家马铃薯淀粉生产企业申请商务部对产自欧盟的马铃薯启动反倾销调查。除此之外，大豆、棉花、食用植物油、食糖等遭受严重倾销的相关产业，国内利益相关产业则是忍气吞声。与此同时，中国遭遇外国对华反倾销调查却十分频繁。据统计，1995—2012 年，我国农产品对外出口中遭遇外国反倾销调查共计 26 起，其中发达国家 17 起，占比 65.38%。[①]

这种主体缺失是造成当前我国农产品反倾销不利局面的重要原因，但本质原因在于我国缺乏公共利益制度的设定，难以在反倾销中通过对公共利益的判断，平衡反倾销中各方的利益。反补贴、保障措施主体的缺乏莫不如此。我国贸易救济主管机关启动贸易救济措施通常需要国内产业的申请。以反倾销为例，根据《反倾销条例》第 13 条的规定，依申请启动的反倾销调查，申请主体包括国内行业或代表国内行业的私人或公共主体。第 17 条明确要求支持申请的国内产业支持者要达到过半的总产量。目前，我国的农产品生产经营体制过于分散，因此在现实中很难达到申请主体总产量上的比例要求。

---

① 徐艳玲：《中国对进口农产品的反倾销主体缺位及原因分析》，载《对外经贸实务》2014 年第 9 期。

综上所述，当前由于农户分散、农产品生产未形成企业化的经营模式，农业生产合作社组织松散，缺少科学的治理结构；同时，由于我国的农业生产者缺乏规模性，也较少拥有大型农业生产企业或者现代农场，加之当前的法律对相关主体的赋权不足，因此当遭遇国外贸易救济时，在应诉、协助调查方面很难形成合力，普遍存在"免费搭车"情况。在遭受外国反倾销、反补贴和保障措施调查后的应诉不力，使得我国农产品贸易遭遇了更多的伤害。而积极参与应诉是我们据理力争、主张合法权利的重要形式。而且从很多工业品的实证材料看，企业积极应诉，最后有些案件会获胜；此外，对于来自国外农产品的不公平竞争行为，也很难找到满足基本比例要求的适格主体代表全产业申请启动反倾销、反补贴或者保障措施调查，这难以保障农产品的公平贸易。

令人可喜的变化是：近年来，杨凌自贸片区借助国家农业支持政策，以及自由贸易试验区的发展机遇，在培育市场主体方面有较多作为。截至 2018 年 12 月 3 日，杨凌自贸片区工商局统计的数据呈现：近两年杨凌市场主体增加迅速，仅 2018 年 1 月至 11 月，杨凌自贸片区新增登记市场主体 3598 户（自贸区 520 户），同比增长 18.9%；注册资本总额达到 137.8238 亿元；其中各类企业 1290 户（自贸区 441 户）、个体工商户 2275 户（自贸区 75 户）、农民专业合作社 33 户（自贸区 4 户）、外商投资企业 71 户。① 2019 年 1 月至 4 月，新增登记市场主体 1238 户（自贸区内 152 户），同比增长 24.42%，注册资本总额 26.1479 亿元；截至 2019 年 4 月底，杨凌自贸片区登记的有效市场主体达到 17900 户，注册资本总额为 616.27 亿元，人均市场占有率达 7.1%。②

目前，由于中国（陕西）自由贸易区还在建设阶段，杨凌自贸片区作为所有自由贸易试验区中唯一的农业片区，很多产业还在发展过程中，一些制度创新成果尚在探索。农业产业经营分散、产业化、规模化不足，农业产业链主体模糊的问题依然突出。未来杨凌应紧紧围绕农业产业链的打造、市场化交易机制的规范、产权明晰化、法人治理结构形成、农产品国际贸易差异化和规模化等方面做出积极探索。

（二）现有产品标签和认证规则与国际规则对接不力

杨凌自贸片区作为全国代表性的高科技、绿色农产品的生产和供应基地，

① 王晓艳：《2018 年杨凌新登记市场主体 3598 户，外资企业增幅陕西省第一》，载 http://www.sohu.com/a/279699161_120027055，最后访问日期：2019 年 6 月 25 日。
② 杨凌融媒体中心：《今年前 4 个月杨凌新增市场主体 1238 户，同比增长 24.42%》，载 http://www.yangling.gov.cn/xwzx/bdyw/82930.htm，最后访问日期：2019 年 7 月 10 日。

向来重视农产品的标签和认证工作。为此，杨凌已经搭建了"三中心一平台"，"三中心"即指杨凌农产品标准化认证中心、食品农产品检测中心、农产品溯源中心，"一平台"指的是远程农业科技服务平台。所谓杨凌农产品标准化认证中心，指的是"杨凌食品农产品质量安全认证中心"，中心已取得国家认证认可监督管理委员会颁发的认证机构批准书，旨在"打造杨凌特有的认证模式，为全国食品农产品质量安全认证提供新模式、做好示范"，认证领域包括"良好农业规范（GAP）认证"和"有机产品认证"，认证范围涵盖作物、畜禽、水产、花卉、蜜蜂、茶叶等产品。统计数据显示：该中心参考 GAP 标准，已受理溯源基地认证 45 家，认证面积 2.6 万余亩。检测检验中心受药监、农业和溯源公司委托，每年检测食品、农产品、产地环境和农业投入品 5000 个批次以上。① 除了农产品认证，在农产品安全方面，杨凌也建立了市场化的农产品溯源服务机制。

尽管杨凌自贸片区在农产品认证方面走在国内前沿，很多工作多有起色，但认证水平、国际化程度不高。尤其在对有影响力的产品安全认证、产品质量认证、绿色标识、环境认证、低碳认证方面乏善可陈，尚有更多工作需要进一步展开。

（三）农产品绿色低碳生产与供应体系尚未形成

如上所述，正是由于近年来低碳壁垒的产生，特别是对农产品出口贸易的影响。作为因应"低碳经济"的发展趋势，以及合理规避"低碳壁垒"带来的负面影响，积极促进农业供给侧结构性改革。在杨凌自贸片区，积极发展绿色低碳农业生产和供给，尽早催生绿色低碳生产体系势在必行。但目前，此类生产格局尚未形成，相关制度建设尚在探索中。

三、杨凌自贸片区应对外国农产品贸易壁垒之对策

（一）农产品贸易救济的主体功能完善策略

有学者将中国的贸易救济概括为四大机构，分别是政府、社会服务机构、

---

① 统计数据显示：该中心参考 GAP 标准，该中心已受理溯源基地认证 45 家，认证面积 2.6 万余亩。检测检验中心受药监、农业和溯源公司委托，每年检测食品、农产品、产地环境和农业投入品 5000 个批次以上。

涉农企业、农产品协会或商会。① 这四大机构各司其职，对于农产品贸易救济的发展起到了重要的促进作用。但是，当前这四类农产品贸易救济主体还存在众多缺陷，构建方略如下：

1. 构建我国农产品的专业贸易救济政府机构

如前所述，我国目前关于农产品的贸易救济，反倾销、反补贴和保障措施三部行政法规仅原则性地明确商务部在涉农产业损害方面会同农业农村部展开调查。法律并未明确政府机构的主体责任。因此，未来的法律修改应明确调查机关及其职责。2016 年 12 月 31 日发布的 "2017 年中央一号文件"《中共中央、国务院关于深入推进农业供给侧结构性改革、加快培育农业农村发展新动能的若干意见》明确，国家未来要 "健全农产品贸易反补贴、反倾销和保障措施法律法规，依法对进口农产品开展贸易救济调查"，因此相应的法律法规嗣后将得到进一步健全和完善，农产品贸易救济权能将会获得更加科学、合理的制度安排。

2. 政府之外的农产品贸易救济主体的完善策略

未来农产品公平贸易的实现有赖农产品贸易救济主体的明确。第一，国家应通过完善农业体例、发展现代农业生产体系，鼓励规模化的农产品企业。第二，在现有农业生产主体的基础上，通过鼓励农民积极参加农业生产合作社，完善农业生产合作社的法人主体地位，通过完善财务制度、规范产供销领域的合同体系，使得农业生产和农产品贸易走向更加集中化、专业化、科技化的道路。进一步明确农业生产企业对外的行为能力和责任能力，促进其积极参加国际农产品贸易中的谈判、缔约、应诉、起诉能力。第三，强化农产品行业组织的建设和发展。农业协会的建立将能够集中分散的农户，通过集思广益、集体行动，提高对外谈判、缔约与议价能力，也是切实保障农民等生产者利益的有效手段。

中国（陕西）自由贸易试验区作为全国唯一拥有农业片区的自贸区，应该及早在保障农产业协会的发展、促进农业生产和贸易企业集约化发展、完善其法律人格等方面有所作为。陕西省政府机关在组织企业积极参加外国贸易救济调查方面是有较好经验的。例如，2017 年 7 月，中国机电产品进出口商会在北京召开印度光伏产品反倾销调查应诉协调会时，陕西省商务厅发挥"四体联动机制"，派员带领本省 5 家涉案企业参加该应诉协调会，助力企业的应诉工作。近年，由于陕西省商洛比亚迪实业有限公司在欧美反倾销案件中

---

① 马述忠、陈敏：《农产品公平贸易救济体系及其运作绩效实证分析：基于浙江省调查问卷》，载《中国农村经济》2009 年第 1 期。

的积极应诉，最后为自己争取到合理的反倾销税率，有效维护了自身的出口地位和利益。①

目前，外国对华农产品贸易救济整体数量偏少，主要以工业品为主，但随着我国农业高科技的发展和高质量农产品的国际化供应能力的增强，未来势必面临更多的外国对华农产品贸易救济调查，因此有必要在此领域作出布局，完善应诉的体制和机制。同时，为了防止本土农业遭遇外来农产品不公平竞争可能导致的风险，陕西省应通过完善农业生产与经营主体法律地位、强化农产品行业协会的协调功能、打造协作平台和信息联络机制等，为将来推动我国商务部积极启动农产品贸易救济调查做好充分准备。

（二）构建中国（陕西）自贸区农产品贸易救济应诉机制

2013 年 2 月，美国国际贸易委员会就包括中国在内的七国输美暖水虾反补贴案作出初裁，认为产品出口国的补贴对美国同类产业构成损害。2013 年 5 月 30 日，美国商务部紧接着就反补贴的税率作出初裁裁决，裁定具体税率为 5.76%。2013 年 8 月 14 日，美国商务部的终裁裁决裁定的具体税率为 18.16%。在此情况下，作为本案中我国唯一强制应诉企业的湛江国联水产开发股份有限公司立即成立包括中美律师和公司内部反补贴小组共同参加的应诉团队，并坚持不懈地全面筹备和据理力争。最终在 2013 年 9 月 20 日，美国国际贸易委员会作出否定性终裁，裁定中国等五国输美暖水虾并未对美国国内同类产业构成实质性损害，因此美国商务部的初裁和终裁的具体税率随即作废。②

我国在被称为"中国农产品反补贴第一案"的"中国输美暖水虾反补贴调查案"中获胜，给我们的启示是：在应对外国农产品对华贸易救济领域，放弃消极怠慢的态度，转而采取未雨绸缪的积极准备。这需要政府联合行业协会，通过信息咨询、引导、帮扶，明确应诉主体，提高其应诉能力。一旦被指控，应立即准备应诉，充分利用 WTO 争端程序，积极维护我国对外贸易经营者、利益相关方以及国家的利益。在应诉过程中，应充分发挥对 WTO 相关协定的解释功能，通过 WTO 争端解决机构的造法功能，引导 WTO 多边规则走向更加明晰和确定，进而构建和维护民主、公平公正的 WTO 宪法化贸易

---

① 《陕西省商务厅积极助力企业应对印度对华光伏产品反倾销案》，载 http：//www. sohu. com/a/161896330_ 418320，最后访问日期：2019 年 5 月 30 日。

② 谢岚：《国联水产"绝地反击"翻盘首例对华农产品反补贴案》，载《证券日报》2013 年 9 月 27 日。

秩序。

针对如上问题，具体的完善策略应包括以下几个方面：

1. 通过加强农产品生产与流通体制改革和农业立法的完善，激活多元的权利主体

具体应做到：第一，促进民营资本进入粮棉油购销体制，改变国营垄断格局，激活市场活力。第二，在农产品进出口贸易领域，国家应兼顾市场准入政策改革与全国范围内有市场竞争力企业的重点培育，使得国营、民营企业通过公平的市场竞争选择，有实力开展对外贸易活动。第三，通过促进农产品的产业化，改变农业生产与经营相脱节的现状，提高生产企业出口农产品的利益相关性，增强在反倾销等外国调查中积极应诉的能力，提高其代表性。① 只有农产品的市场主体实力得到增强、法律地位得以明确，才能切实提高其维护自身权益、对外表达利益诉求的能力。

于杨凌自贸片区而言，及时构建农产品出口的应诉机制十分必要，我们建议：积极支持和孵化区内农业生产、加工、销售和出口企业，完善其法人资格和企业治理结构，构建国际化的会计标准，规范经营行为。只有促进市场化、法治化的农业生产、加工和对外贸易主体，打造规范化的法人主体资格，才能培养成熟的产业链和贸易链，才能在面对国外"两反一保"的调查时从容应对。从发展势头来看，杨凌自贸片区近两年来市场主体增长迅速。从数字来看，杨凌自贸片区作为中国（陕西）自贸区的农业片区，在农业市场主体培育方面形势喜人，市场主体已经达到一定的规模，未来应在法人治理主体的规范化管理、公平竞争环境的培育、完善法人治理结构的形成等方面进一步完善和引导，方能使示范区内农业产业从容应对外来贸易救济调查，大幅促进国际合作，增强国际竞争力。

2. 加强农产品行业组织建设

农业行业组织是依法注册成立的民间性、权威性、企业性、服务性和公共性的机构。这些农业行业协会可能聚集了农业产业链各个环节的主体，在政府、农产品经营企业、农户和市场之间起到桥梁作用。目前我国农业行业协会发展较为迅速，很多县级行政区域里也开始出现。发展最快的是东部发达省份浙江。早在 2002 年，浙江省就建立了 500 多家行业协会。② 这些农产品行业协

---

① 廖良美、冯中朝：《论我国农产品反倾销有效主体的培育问题》，载《农业经济》2005 年第12 期。

② 刘滨、池泽新、陈昭玖、康小兰：《论农产品行业协会的性质与功能》，载《商业研究》2005年第 11 期。

会在农产品贸易救济方面将发挥重要作用，如代表行业积极参与国外贸易救济诉讼、代表行业申请发起贸易救济调查、构建农产品贸易救济预警机制等。

国家应通过立法或者法律修订，鼓励一些农业生产部门或者农业生产者依法建立自治性行业组织，赋予其相关法律权能，增强其对外谈判、议价、参与贸易救济等行为的法律能力。① 日本的农业立法在此方面值得借鉴。最后，国家应鼓励行业组织之间进行广泛的交流、合作，增强农产品行业协会的凝聚力，使其在未来的农产品贸易救济中发挥重要作用。

在中国（陕西）自由贸易试验区框架下，应积极构建政府、农业行业协会②、企业互相配合的农产品贸易救济应诉委员会。笔者建议：陕西省商务厅、陕西省农业厅、中国国际贸易促进委员会陕西省分会、陕西省中小企业促进局共同牵头，组织杨凌自贸片区电子商务行业协会、陕西省中小企业协会、陕西省职业农民协会、陕西省种子协会、陕西省畜牧业协会、陕西省蚕桑丝绸行业协会、南杨奶牛养殖协会、杨凌区草莓协会、杨凌区果树协会、西桥果树协会、杨凌特种动物养殖协会、蔬菜种植协会、官村奶牛养殖协会等区内农产品生产与销售行业协会，以及农业生产和出口贸易企业，农产品贸易救济应诉协调委员会，通过搭建预警平台，在区内农产品出口遭遇外国"两反一保"贸易救济调查时，及时协调和组织相关企业应诉，维护自身权益和自贸试验区区内产业安全。

3. 组建经贸摩擦法律顾问委员会

成熟市场主体的形成，除了具备良好的营商环境、审慎监管外，还应有良好的法律服务保障。2017 年 12 月 20 日，中国贸促会经贸摩擦法律顾问委员会在京成立，《中国贸促会经贸摩擦法律顾问委员会章程（试行）》同时发布，拟定了涉外商事法律服务领域的 20 家顶级律所作为入围委员会选聘名单。于陕西省而言，由中国国际贸易促进委员会陕西省分会在"一带一路"与中国（陕西）自由贸易试验区涉外法律专家库的基础上，遴选政府官员、高校涉外法律专家，集合涉外法律服务人才，为示范区管委会、农业行业协会、农业市

---

① 值得注意的是，2017 年 3 月 15 日十二届全国人大五次会议通过的《中华人民共和国民法总则》第三章第四节设立了"特别法人"，分别赋予如下组织以法人资格：农村集体经济组织（第九十九条），城镇农村的合作经济组织（第一百条），居民委员会、村民委员会（第一百零一条）。如上"特别法人"很多与农业生产和农产品贸易有关，可以成为农产品市场的重要参与者，也必将成为未来农产品贸易救济体系中的重要参与力量。同样，将于 2021 年 1 月 1 日起施行的《民法典》也延续了上述规定。

② 所谓农业行业协会，指的是"以服务为宗旨、在一定区域内由从事某项专业的农民、相关企业、中介组织，甚至科研单位组织起来的非营利性的自我管理、自我协调、自我监督、自我发展的经济社团组织。其基本职能是服务、自律、维权、协调，宗旨是为行业服务，为会员服务，为农民服务"。参见韦吉田：《农业国际化知与行》，广西人民出版社 2007 年版，第 310 页。

场主体做好咨询和法律服务，协助其打造国际化的业务模式，做好合规性支持、风险防范等法律服务。

（三）构建中国（陕西）自贸区农产品贸易救济预警机制

1. 农产品贸易救济预警机制指标体系的法律构建

当前，无论是发达国家还是发展中国家以"公平贸易"为名对华发起的农产品贸易救济（"两反一保"）调查日益增多，围绕农产品的技术性贸易壁垒以及动植物卫生检疫措施愈发严格。因此，中国有必要完善农产品贸易救济预警体系。2006年5月，商务部联合一家行业商会发布《对日出口农产品风险评估报告》，这是我国农产品出口领域预警体系的起点。2007年底，国务院发布的农民增收意见明确国家将构建大宗农产品贸易救济领域的预警机制。早在2004年，江苏省就开始利用上海WTO事务咨询中心构建的"贸易救济措施资料库监控预警系统"，对出口美国、欧盟等地区的重点产品提供反倾销预警服务。

未来国家应通过立法，构建有关农产品绿色壁垒的预警体系。该预警体系可以降低我国农产品出口市场的风险，及时掌握他国的农产品贸易方面的绿色壁垒信息，引导我国农产品的出口。在预警体系的构建上要充分发挥各个农产品行业组织的牵头和协调的作用，架起进出口国之间的民间桥梁。可以由商务部和农业部联合、各个农产品行业组织积极协调、农产品企业主动参与的三方协同预警机制，制定农产品绿色壁垒的预警指标。预警体系的构建在于增加我国农产品出口企业对出口市场透明度的了解，预警系统的建立要合理合法，切不可因为该机制的出台而成为新的壁垒。农产品绿色壁垒预警机制可以参考由世界卫生组织、世界动物卫生组织与联合国粮农组织三个国际性组织联合发起设立的"全球可传人动物疾病预警系统"，该系统是建立在三大机构预警机制之间的一种协调与合作，其运行机制是依据《国际卫生条例》规定的风险评估标准，对潜在的具有全球意义的食品安全事件进行检测、分析和评估。预警系统的建立可以有效防止全球性农产品安全事件的发生，做到事前预防，进一步延伸对农产品的全球监管，同时也是我国农产品出口获取信息的前台。

农产品出口行业和贸易救济预警专门机构创建后的功能表现在：一方面，为我国农产品出口经营决策与风险防范提供充足的数据支持；另一方面，协助农产品生产经营机构改善农产品生产与贸易结构、完善价格形成机制、协助出口企业增强应对外国对华农产品贸易救济调查的能力。

2. 农产品贸易救济预警大数据平台构建

杨凌自贸片区农产品贸易救济需要有基于人工智能和大数据分析的预警平

台的支撑。笔者认为，仅杨凌自贸片区的数据样本不足以进行大数据分析和筛选。因此，农产品贸易救济预警应在中国（陕西）自由贸易试验区、陕西省贸促会的框架下搭建，贸易救济的样本应基于全国的数据。深入运用商务部"中国贸易救济信息网"（http：//cacs. mofcom. gov. cn/）上的数据，特别是商务部预警监测平台。在平台的样式上，"广东省应对技术性贸易壁垒信息平台"（http：//www. gdtbt. gov. cn/）值得借鉴和学习。

同时，该平台应做好对杨凌自贸片区范围内农产品贸易摩擦的信息采集、信息处理、信息评估、信息决策与信息发布。另外，通过人工智能和大数据系统的运用，对农产品贸易救济进行及时有效的预测、警示和指引。以此为基础，跟进建立农产品贸易摩擦预警专家委员会、预警信息区域通报制度、重点企业跟踪与协调制度，真正做到有病早发现、药到病除之。

（四）构建杨凌自贸片区农产品贸易壁垒的反向保障机制

1. 构建本土化的贸易救济法律体系

国际农产品贸易绿色壁垒法律规则应以 WTO 相关原则性规定为原则，以相关国际组织制定的规范性文件为补充，用以规制国际农产品贸易绿色壁垒，平衡贸易与环境之间的关系。[①] 贸易与环境问题的冲突仍在持续，中国绿色壁垒法律制度的构建势在必行，在具体的农产品贸易方面构建独具特色的农产品绿色壁垒制度也是我国顺应潮流的举动。构建农产品绿色技术标准、农产品绿色标志、农产品绿色包装、农产品绿色卫生检验检疫、农产品绿色补贴等农产品绿色壁垒制度。利用 GATT 1994 中的"环境例外条款"、《农业协定》中的"绿色补贴"、《SPS 协定》《TBT 协定》中的检验检疫规则和技术法规、标准等规则，构建中国自己的农产品绿色壁垒制度，完善从农产品的生产、运输到消费的整个环节的绿色质量安全体系，以优质绿色农产品占领贸易出口高地，打破现阶段农产品出口贸易面临的困境。这也是我国农业供给侧结构性改革的题中应有之义。

农产品绿色壁垒法律体系的建构必须基于国情的需要，发达国家对此有可资借鉴的方面，但是，本国特色的农产品绿色壁垒体系还需强调内生性。发挥国内公权力与私权利两个方向的助推作用，升级中国的农产品外贸法律体系。

2. 探索在农产品领域用竞争法部分取代反倾销法机制

竞争法在不同国家范畴各异。在美国，竞争法主要指"反托拉斯法"

[①] 陈亚平：《国际农产品贸易绿色壁垒法律规则研究》，载《江西社会科学》2010 年第 4 期。

（*antitrust law*）；在欧盟，竞争法则包括反垄断法和反不正当竞争法；① 而中国与欧盟十分类似。反倾销法与反垄断法具有同源性，反倾销法的核心在于通过削减外来竞争力以保护国内产业，并不考虑对消费者、经济效率和生产率的影响。反倾销主要是针对价格歧视等不公平贸易行为，而反垄断法规制的行为则包括价格歧视在内的更为广阔的内容。价格歧视又可以分为国内价格歧视和越境价格歧视两种。倾销本质上属于同类产品的进口国价格低于出口国价格（又称正常价值）这一类型的越境价格歧视。因此，两者存在部分的重合。从这个意义上讲，竞争法是反垄断法的组成部分和重要补充，两者具有相同的立法目的和性质。美国早期的反倾销法旨在协助谢尔曼法惩治境外公司掠夺式定价行为。② 当然，最近几十年的发展，反倾销与竞争法各成体系，有各自调整的范围。

由于反倾销在近年来越来越发展成为贸易保护主义的工具，国外一些学者又开始呼吁用竞争法取代反倾销法。麦克米伦（Macmillan）、凯思琳（Kathleen）在 1995 年就建议在北美自由贸易区范围内实现以反垄断法代替反倾销法。③ 倾销实际上也是一种企业间的跨国竞争行为，那么在全球范围内适用统一的竞争政策则是最为理想的状态。而且从保护效果来看，竞争法用来保护公平的竞争环境，反倾销则主要用来保护竞争力不足的国内产业。因此，竞争法更符合贸易自由化的价值，而反倾销法则容易成为贸易保护主义的工具。对农产品领域的反倾销而言，构建用竞争法惩治部分外国农产品倾销行为具有一定的现实性和必要性。这是因为，全球 80% 的粮食交易都被控制在 ABCD 四大农粮巨头④手中。这些具有垄断地位的国际粮农巨头为了垄断一国的农产品市场，很可能会采取长期低价竞争的方式排挤进口国的国内竞争者，进而达到垄断市场的目的。这些占市场主导地位的粮农巨头的价格歧视行为的破坏力才是最致命的。因此，探索用竞争法来调整主要由此类跨国农产品贸易巨头实施的价格歧视行为，实际上比运用反倾销手段更加合理和有效。

当然，以竞争法完全取代反倾销法是不现实的，但可以采取部分取代的策略。例如，可以在我国反垄断法中规定，当跨国公司以内部交易的方式对华出

---

① 朱庆华：《反倾销、贸易保护与公共利益》，中国财政经济出版社 2009 年版，第 205—207 页。

② 廖秀健：《美国对华反倾销法经济学研究：以农产品反倾销为例》，湖南人民出版社 2009 年版，第 43—44 页。

③ Macmillan, Kathleen, *Antidumping: Next on the Trade Agenda*, Canadian Business Economics, spring 1995, p. 20 – 28.

④ ABCD 四大农粮巨头分别是指 ADM，北美食品企业邦吉集团（Bunge）、美国嘉吉公司（Cargill）以及路易达孚公司（Louis Dreyfus）。

口农产品，其行为若同时符合我国反垄断法和《反倾销条例》，即出现两法法条竞合情形时，适用反垄断法来调整这一行为。从法律的效力位阶来解释也是合理的，因为反垄断法是由全国人大常委会颁布的法律，其效力要高于作为国务院行政法规的《反倾销条例》。此外，更加可行的做法是在自由贸易区、双边贸易协定的框架下直接明文规定排除反倾销规则在其中的适用，但同时在协定中约定将滥用市场主导地位的禁止性规定扩展至适用区域范围或双边安排之中，进而达到以竞争法部分取代反倾销法来调整跨国价格歧视行为的目的。

于杨凌自贸片区而言，应通过深入贯彻落实反垄断法、反不正当竞争法、价格法等法律法规，切实维护园区范围内产业的公平竞争。在外国对华农产品存在倾销时，区内行业协会或者企业，在一定情形下，应通过联合国内产业同盟，探索通过竞争法的手段维护产业安全，促进公平竞争。

3. 构建国际化、多样化的农产品标签和认证体系

农产品贸易相比其他工业品较为特殊。因此，有关农产品的各类质量认证、环保标签、低碳认证、公平贸易认证，应接不暇。为了促进农产品供给的多样化和国际化，杨凌自贸片区要构建全面、系统的各类认证和标签制度，真正将杨凌自贸片区的农产品打造成高质、安全、绿色、健康的国际农业新品牌。具体措施包括：

（1）打造杨凌自贸片区独具特色的食品农产品质量安全认证体系。杨凌作为自由贸易试验区农业片区，打造农业全球产业链势在必行，农业全球产业链的形成需要农产品的国际标准化。而农产品国际标准化最终要依赖质量认证，且需要建立相应的认证体系和监督体系。[①] 同时也应打造农产品质量安全中国品牌、梳理农产品质量认证话语权。如前所述，杨凌自贸片区在农产品国际标准和绿色认证体系构建方面已经着手进行体制机制建设。除了在农业生产中推广绿色原生态的种植模式，已经构建了杨凌食品农产品质量安全认证中心、杨凌自贸片区食品农产品检测检验中心，但笔者认为尚需进一步加强。主要表现在质量认证体系的梳理和整合上。

（2）引进国际化的绿色优质农产品认证体系。杨凌品牌农产品要完成出口、走向国际，有效避免农产品绿色贸易壁垒、低碳壁垒等，一定要构建国际化的农产品质量认证体系。因此，要做好国际化的农产品质量安全认证体系的引进和对接。国际上有五大著名农产品认证体系，分别是：HACCP 体系认

---

① 任民：《农产品也要国际标准化》，载《农产品加工》2004 年第 6 期。

证①，GAP 体系认证②，GMP 体系认证③，On - Farm 田间食品安全体系认证④，SQF 食品质量安全体系认证⑤。因此，杨凌自贸片区的农产品认证应发展多样化、系统全面的产品认证。发展的策略应采取直接对接的方法，包括与此类著名农产品质量认证体系开展合作，如共建认证点、授权认证、园区设点等，也包括为本土农业生产和加工企业参加此类认证提供便利渠道。

4. 构建杨凌溯源农产品保障机制

溯源农产品是指通过互联网等现代技术手段，将各类农产品从种植、培育、加工、流通、仓储和零售等环节进行监控和记录，实现农产品生产过程的网络化管理，确保消费者可以通过各类网络终端，便捷地查询农产品各环节信息的现代化农业生产方式。早在 2013 年 3 月 2 日，杨凌自贸片区管委会通过了《杨凌安全农产品溯源标识信息管理体系建设方案》，着手建设杨凌安全农产品溯源体系；同年 4 月，杨凌安全农产品溯源标识管理有限公司得以成立，该公司所搭建的农产品溯源平台，实现了"生产过程有记录、记录信息可查询、流通去向可跟踪、主体责任可追究、问题产品能召回、质量安全有保障"。截至 2018 年底，溯源体系成员达到 70 余家专业合作社和企业，覆盖90% 的杨凌果蔬种植面积。⑥

在溯源农产品立法方面，走在前列的属于同为西部落后省份的甘肃省。甘肃省人民政府于 2014 年 1 月 29 日印发了《甘肃省农产品质量安全追溯管理办法（试行）》，其第 4 条明确要求县级以上人民政府建立农产品质量安全追溯协调机制："县级以上人民政府要落实实施追溯管理的机构、人员，将农产品

---

① HACCP 是 Hazard Analysis Critical Control Point 的英文缩写，表示危害分析的临界控制点。乃是美国食品药品监督管理局于 1973 年开始引入低酸罐头食品加工的 GMP 规范之中、随后被推广发展起来的、具有较高国际影响力的农产品质量安全认证。详见李怀林：《食品安全控制体系（HACCP）通用教程》，中国标准出版社 2002 年版。

② GAP 是英文 Good Agricultural Practice 的缩写，EurepGAP 由欧洲零售商联合会所创立，其内容包括标准体系和认证体系两个部分，是以农产品规范化管理、标准化生产为核心的认证体系。详见李莉：《良好农业规范（GAP）实施与认证指南》，中国标准出版社 2010 年版。

③ GMP 是英文 Good Manufacturing Practice 的缩写，即药品生产质量管理规范，乃是 1960 年代产生于美国的强制性认证体系。

④ On - Farm 是英文 On - Farm Food Safety System 的缩写，即田间食品安全体系。乃是源于加拿大的、旨在降低农产品生产和加工中不安全因子的质量认证。See Infield&Lt，Genes．"New Book：Genes in the Field：On - Farm Conservation of Crop Diversity"（2000）．

⑤ SQF 是英文 Safe Quality Food 的缩写，乃是 1995 年诞生于澳大利亚的、专用于食品加工行业全程质量安全监管的认证体系。详见王洪伟、王献新：《浅谈 SQF1000、SQF2000 食品质量与安全认证》，载《轻工标准与质量》2006 年第 5 期。

⑥ 《杨凌安全农产品溯源管理：为食品安全保驾护航助农增收谱新篇》，载《农业科技报》2019 年 3 月 27 日。

质量安全追溯工作经费纳入本级财政预算。扶持追溯示范区建设，配置追溯设施设备，建立追溯信息平台，推动无公害农产品、绿色食品、有机农产品、地理标志农产品认证，支持标志标识推广，持续推进农产品质量安全追溯工作的开展。"上海市人民政府在 2015 年 7 月 27 日发布了《上海市食品安全信息追溯管理办法》。浙江省农业厅于 2016 年底印发《浙江省农产品质量安全追溯管理办法（试行）》，于 2017 年 3 月 1 日起施行。

2016 年 7 月 27 日，陕西省政府发布了《陕西省加快推进重要产品追溯体系建设实施方案》（以下简称《实施方案》），明确主要目标是："到 2020 年，基本形成覆盖全面、多级联通、多方协同的全省产品追溯平台体系和管理机制，初步实现有关部门、地方和企业追溯信息互通共享；食用农产品、食品、药品、农业生产资料、特种设备、危险品、稀土产品等重要产品生产经营企业追溯意识显著增强，采用信息技术建设追溯体系的企业比例大幅提高；社会公众对追溯产品的认知度和接受度逐步提升，追溯体系建设市场环境明显改善。"主要任务包括统筹规划全面推进、推进食用农产品追溯体系建设、推进食品追溯体系建设、推进药品追溯体系建设、推进主要农业生产资料追溯体系建设、开展特种设备和危险品追溯体系建设、开展稀土产品追溯体系建设，实施步骤分为：确定产品名录、建立部门追溯系统子平台、建立全省重要产品追溯数据统一平台。整体来说，《实施方案》比较笼统，具有一定的倡议性质，应属于政策层面，尚不属于省级行政规章的立法层面。建议陕西省人民政府参照甘肃省、上海市、浙江省的立法，尽快制定"陕西省农产品质量安全追溯管理办法（试行）"，以行政立法的形式明确权利义务，真正将溯源农产品的发展制度化，以此为陕西省农业发展，特别是为自贸区杨凌农业片区的溯源农产品的发展提供高标准的制度保障。

5. 农产品绿色低碳生产与供应体系的立法保障

笔者认为，前期应从如下三个方面着手：

其一，制定"陕西省农产品质量安全条例"。农产品质量安全关系公众健康，也事关农业供给侧结构性改革中绿色优质农产品供给的质量。很多地方人大常委会结合本省实际，制定省级地方法规。参考例子有：2011 年 5 月 25 日江苏省人大常委会通过的《江苏省农产品质量安全条例》；2011 年 5 月 27 日山东省人大常委会通过的《山东省农产品质量安全条例》；2016 年 12 月 1 日浙江省人大常委会通过的《浙江省农产品质量安全规定》；2018 年 1 月 16 日，贵州省人大常委会通过的《贵州省农产品质量安全条例》。笔者建议，应由陕西省人大常委会根据农产品质量安全法、食品安全法等法律、行政法规，并结合陕西省实际，制定省级地方法规"陕西省农产品质量安全条例"，这对于保障公众健康、发展本省高质量的农产品供给具有重大作用，是陕西省践行农业供给侧结构性改革的题中应有之义。

其二，制定前沿性的"陕西省绿色优质农产品基地建设管理暂行办法"。陕西省作为拥有全国唯一自由贸易试验区农业片区的省份，在国家农业供给侧结构性改革的背景下，应强化对绿色优质农产品供给的法律保障。目前国内走在前列的省份是江苏省。江苏省农业委员会于 2018 年 10 月 17 日发布、11 月 1 日生效的《江苏省绿色优质农产品基地建设管理暂行办法》代表了我国绿色优质农产品地方立法的未来趋势。笔者建议，应由陕西省农业厅制定省级地方行政规章"陕西省绿色优质农产品管理促进办法"，着力保障绿色优质农产品生产加工基地建设、市场开拓、出口基地培育、流通设施建设、融资渠道畅通、优质品牌创立等。

其三，制定"陕西省出口农产品示范基地（区）管理办法"。陕西省应依托中国（陕西）自由贸易试验区杨凌农业片区的优势，积极发展出口农产品。而出口农产品应符合产品外向化、基地规模化、技术标准化和管理规范化的要求，这些示范基地（区）生产、加工、出口的农产品应符合 WTO《农业协议》的要求，农产品在绿色认证、低碳认证、公平贸易认证等方面都应具有较高的要求，同时也要对外国农产品绿色技术壁垒等有更深入的了解，并建立风险防范机制和预警机制。目前国内制定类似立法的省份有江苏省。江苏省农业委员会、江苏出入境检验检疫局于 2015 年 4 月 29 日印发《江苏省出口农产品示范基地（区）管理办法》。笔者建议，陕西省农业厅应联合陕西出入境检验检疫局，共同制定省级地方行政规章"陕西省出口农产品示范基地（区）管理办法"，以明确陕西省农产品示范基地（区）的申报标准、申报程序、鼓励措施、监督管理、预警机制等。

（责任编辑　王海龙）

我国自然保护地法律体系的现状、问题及完善路径研究

摘 要：建立多层次、多类型的自然保护地，是国家治理生态破坏、就地保护生态系统和生物多样性的重要手段，该过程需要完善的法制体系作为保障。长久以来，我国自然保护地立法存在立法层级偏低、保护对象界定模糊、法制缺乏协调性等问题。作为法治因应，我国可以采取以国家公园法为先导、以自然保护地法律体系建设为最终目标的"1+1+N"立法路径，制定一部涵盖立法目标、基本原则、保护地类型界定、一般性制度等内容的综合性自然保护地法，以统领多部不同类型保护地的专门立法。

关键词：自然保护地 法律体系 自然保护地法 国家公园法 立法路径

我国是生态系统和生物多样性最为丰富的国家，但长久以来经济的高速增长以及伴随的自然资源过度开发利用，导致国家生态破坏的加剧和生物多样性减损的不利局面。《生物多样性公约》要求各缔约国都必须完善保护生态系统和生物多样性的国家立法和相关政策，并且应以就地保护作为主要手段。面对国内现实问题以及国际主流发展趋势，我国也逐步建立起各种类型的自然保护地来完善生态系统保护和自然资源利用，但在各类保护地建设和管理过程中，也遇到了不少问题亟待解决。自然保护地体系的建设离不开法治保障。习近平总书记多次强调要用最严格法治来保障生态文明建设的顺利进行，要运用"山水林田湖草是一个生命共同体"的理念来保护我们赖以生存的生态环境。自然保护地的体系建设，同样要求我们的法治建设要以体系建设作为重要的着

---

* 潘晓滨，天津财经大学法学院副教授，硕士生导师；刘蔚，天津财经大学法学院 2018 级硕士研究生。

眼点。① 经过 20 多年的探索，特别是党的十八大以来，党和国家进行了一系列生态文明的改革部署与政策指引，为新时代建立适合我国国情的自然保护地法律体系创造了良好的条件。如何通过有效的立法途径和制度安排尽快建立这个体系，是当下我国环境立法研究和实践的当务之急。

一、自然保护地的定位及其分类发展

（一）国际层面的概念界定

针对自然保护地的概念界定，可以追溯到 1992 年《生物多样性公约》（*Convention on Biodiversity*，CBD）对于"自然保护地"（Protected Area）概念的表述，其第 2 条用语中明确将"保护地"界定为一个划定地理界限、为达到特定保护目标而指定或实行管制和管理的地区。世界自然保护联盟（IUCN）通过《运用保护地管理目录指南》（2008 年）对"自然保护地"的含义进行了更加详细和权威的解释，即保护地属于一类明确界定的、由国家或相关组织（团体）实施积极管理、由法律或其他规范性文件承认、长期有效地保护自然以及相关的生态服务和文化价值的地理空间。② IUCN 在国际文件中的概念界定从三个方面丰富了《生物多样性公约》中的概括性界定。其一，对保护地涉及的保护主体进行了明确，即国家职能部门及得到授权的社会组织；其二，概念中特别强调了主权国家管辖范围内通过法律手段对于自然保护地的承认；其三，概念中丰富了关于自然保护地的功能分类，即属于涵盖了生态功能和文化价值的空间区域。在具体分类中，《运用保护地管理目录指南》（2008 年）则进行更加详细类型的划分，即包括荒野区、国家公园、栖息地或物种管理场所、自然保护区、自然遗迹或特征、保护景观区或海洋景观和自然资源的可持续利用区。③ 因而，国际上普遍认可并采用 IUCN 在《运用保护地管理目录指南》（2008 年）中对"自然保护地"的概念进行的解释和分类。自然保护地是一个综合性概念，其中自然保护区、风景名胜区和森林公园等在我国已经进

---

① 李挺：《整体性思维背景下的我国自然保护地立法——以法律体系的建构与整合为视角》，载《环境保护》2019 年第 9 期。

② 阙晨曦、黄淑萍、吴晶晶等：《基于最佳管理标准的自然保护地评估体系构建——IUCN 绿色名录标准解读及其指标的探讨》，载《中国园林》2016 年第 2 期。

③ 雷光春：《保护地绿色名录对于推动我国湿地管理的意义》，载《生物多样性》2015 年第 4 期。

行立法的管理区域，都可以划入自然保护地的大范畴之中。①

（二）国内层面的概念发展

十八届三中全会以来，党和国家高度重视我国自然保护地法律体系的建立，并将其定位为生态文明法制体系完善的重要内容之一。在 2015 年 9 月正式发布的《生态文明体制改革总体方案》中，自然保护地体系建设被重点强调，文件指出了改革现有的各自然保护地类型并进行功能重组的必要性，同时特别提到了合理界定作为自然保护地类型之一的国家公园范围，并进行严格保护。② 此后，随着《建立国家公园体制试点方案》（2015 年）、《建立国家公园体制总体方案》（2017 年）等文件的出台，推动了国家公园试点建设的一系列探索和实践。③《关于建立以国家公园为主体的自然保护地体系的指导意见》（2019 年）是对《生态文明体制改革总体方案》（2015 年）关于自然保护地体系建设工作的进一步细化，其明确了我国对于"自然保护地"的概念界定，④ 并借鉴国际经验和管理效能，将自然保护地按生态价值和保护强度高低依次分为国家公园、自然保护区和自然公园三个大类，并分别进行了界定。⑤《关于建立以国家公园为主体的自然保护地体系的指导意见》（2019 年）的提出，形成了我国以国家公园为主体、自然保护区为基础、各类

---

① 解焱：《我国自然保护区与 IUCN 自然保护地分类管理体系的比较与借鉴》，载《世界环境》2016 年第 S1 期。

② 参见《生态文明体制改革总体方案》第三章"建立国土空间开发保护制度"中第十二节建立国家公园体制的内容，载 http://www.gov.cn/guowuyuan/2015－09/21/content_ 2936327.htm，最后访问日期：2019 年 7 月 16 日。

③ 2015 年《建立国家公园体制试点方案》提出突出生态保护、统一规范管理、明晰资源产权、创新经营管理和促进社区发展等要求。2017 年《建立国家公园体制总体方案》明确了国家公园作为我国自然保护地最重要类型之一的定位，并厘清了国家公园和其他自然保护地类型的关系，在已建成的国家公园区域内不再保留或设立其他自然保护地类型。

④ 参见 2019 年《关于建立以国家公园为主体的自然保护地体系的指导意见》第二章"构建科学合理的自然保护地体系"中关于（四）明确自然保护地功能定位，指出：自然保护地是由各级政府依法划定或确认，对重要的自然生态系统、自然遗迹、自然景观及其所承载的自然资源、生态功能和文化价值实施长期保护的陆域或海域。

⑤ 参见 2019 年《关于建立以国家公园为主体的自然保护地体系的指导意见》第二章"构建科学合理的自然保护地体系"中关于（五）科学划定自然保护地类型，针对三类保护地类型进行了更加细致的界定。国家公园是以保护具有国家代表性的自然生态系统为主要目的，实现自然资源科学保护和合理利用的特定陆域或海域。自然保护区是保护典型的自然生态系统、珍稀濒危野生动植物种的天然集中分布区、有特殊意义的自然遗迹的区域，是确保主要保护对象安全，维持和恢复珍稀濒危野生动植物种群数量及赖以生存的栖息环境。自然公园是保护重要的自然生态系统、自然遗迹和自然景观，具有生态、观赏、文化和科学价值，可持续利用的区域，包括森林公园、地质公园、海洋公园、湿地公园等各类自然公园。

自然公园为补充的自然保护地分类系统。

相比较而言，《关于建立以国家公园为主体的自然保护地体系的指导意见》（2019 年）对于"自然保护地"的界定是对 IUCN《运用保护地管理目录指南》（2008 年）概念的适用和发展。一方面，明确了管辖范围内的我国自然保护地的规制主体，即由我国各级政府依法进行划定或确认，缩小了 IUCN 概念界定中的规制主体的指定范围；另一方面，《关于建立以国家公园为主体的自然保护地体系的指导意见》（2019 年）对于自然保护地所承载的自然资源、生态功能和文化价值的界定，则直接重申了 IUCN 国际通用概念的适用性，并明确了自然保护地地理空间所辖的陆域和海域分类。由于我国尚无针对"自然保护地"的综合性立法，无论是国际层面的 IUCN《运用保护地管理目录指南》（2008 年），还是国内层面的《关于建立以国家公园为主体的自然保护地体系的指导意见》（2019 年）关于"自然保护地"的概念界定与分类并没有实际的法律约束力，但对我国正在开展的"自然保护地"法律体系的建设具有重要的指引效应。

二、我国自然保护地相关立法及其问题分析

（一）立法现状及其进展

我国 2018 年《宪法修正案》中的重要亮点是生态文明入宪，并明确了将开展生态文明建设作为国务院的重要职责。《宪法》第 9 条明确规定了保护和改善生态环境原则，确保合理利用自然资源，保护珍贵的动植物，为我国自然保护地立法奠定了宪法基础。作为环境保护领域重要的基本法，2014 年修订的环境保护法涉及环境污染防治、自然资源利用和生态保护三个方面，其对于环境污染防治侧重较多，但对于自然资源利用和生态保护领域的规定相对薄弱。[1] 相关领域的生态保护法律还包括森林法、野生动物保护法、海洋环境保护法等。与自然保护地直接相关的法律文件大多数为国务院出台的行政法规、国务院职能部门出台的部门规章，以及 2015 年以来开展国家公园试点前后一些省市所出台的地方性法规。[2] 中央层面出台的立法包括《自然保护区条例》（2017 年修订）与《风景名胜区条例》（2016 年修订），以及中央部委制定的

---

[1] 徐以祥：《论我国环境法律的体系化》，载《现代法学》2019 年第 3 期。
[2] 彭琳、赵智聪、杨锐：《中国自然保护地体制问题分析与应对》，载《中国园林》2017 年第 4 期。

《森林公园管理办法》（2016 年修改）与《国家湿地公园管理办法》（2017 年修改）等。地方层面出台的立法在地方国家公园"一园一法"模式倡导下，出台了《云南省迪庆藏族自治州香格里拉普达措国家公园保护管理条例》（2013 年）、《云南省国家公园管理条例》（2015 年）、《三江源国家公园条例（试行）》（2017 年）和《神农架国家公园保护条例》（2017 年）等法律文件。①

针对"自然保护地法"的立法工作，其进程最早可以追溯至 2003 年末，但该法直到 2012 年历经十载春秋还是未能通过。这期间，针对是应将《自然保护区条例》上升为法律并出台针对特殊领域的区域保护法，还是优先出台一部兼具开放性和综合性的"自然保护地法"，立法机构、国务院职能部委与学界存在较大分歧。2004 年，第十届全国人大常委会曾将制定"自然保护地法"列入立法计划，并开始进行调研工作。有很多专家认为，我国的自然保护区体系已有数十年历史和经验，此时出台一部专门"自然保护区法"的时机更加成熟。② 2006 年，又先后由原环保总局等部门提出了《自然保护区法（建议稿）》《自然保护地法（征求意见稿）》和《自然保护区域法（征求意见稿）》共三个草案文本。2012 年，全国人大环资委提出了《自然遗产保护法（建议稿）》，同年由来自生态保护、法律、基层保护地管理单位等不同领域的八十多位专家完成并提交了《自然保护地法（草案）》的专家建议稿，③ 但该法的立法进程陷入了停滞状态。直到 2018 年，全国政协向第十三届全国人大再次提出应将"自然保护地法"纳入全国人大立法计划。但从现实情况看，第十三届全国人大常委会仅将"国家公园法"列入二类立法计划，"自然保护地法"没有进入本届人大立法计划。随着"国家公园法"制定工作的启动，各方加紧工作，"国家公园法"的审议通过成为大概率事件，但"自然保护地法"是否能够进入未来的立法计划尚处于不确定状态。④

---

① 杜群、张琪静：《我国大陆和台湾地区国家公园体制建设若干问题的法律思考》，载《国土资源情报》2018 年第 1 期。

② 参见《为什么不是〈自然保护区法〉，而是〈自然保护地法〉?》，载中国科技网，http://css. stdaily. com/special/content/2013－03/08/content_ 580295. htm，最后访问日期：2019 年 7 月 16 日。

③ 舒旻：《中国国家公园法律体系构想》，载《林业建设》2018 年第 5 期。

④ 吕忠梅：《关于自然保护地立法的新思考》，载《环境保护》2019 年第 Z1 期。

我国自然保护地法律体系的建设进展情况

	自然保护区	各类自然公园			国家公园
		风景名胜区	世界自然遗产保护区	森林公园、湿地公园、海洋公园、地质公园等其他类型自然公园	
法律	"自然保护地法"／"自然保护区域法"（2006 年提案）				
	"自然保护区法"（2006 年提案）		"自然遗产保护法"（2012 年提案）		"国家公园法"（2018 年规划）
行政法规	《自然保护区条例》	《风景名胜区条例》			
部门规章	《森林和野生动植物类型自然保护区管理办法》《海洋自然保护区管理办法》《水生动植物自然保护区管理办法》《自然保护区土地管理办法》	《风景名胜区管理暂行条例实施办法》《风景名胜区管理处罚规定》		《森林公园管理办法》《国家湿地公园管理办法》	
地方法规规章（列举）	《云南省自然保护区管理条例》《湖南省森林和野生动物类型自然保护区管理实施细则》《甘肃祁连山国家级自然保护区条例》……	《湖南省南岳衡山风景名胜区保护条例》《山东省风景名胜区管理条例》《浙江省普陀山风景名胜区保护管理办法》……	《湖南省武陵源世界自然遗产保护条例》《四川省世界遗产保护条例》《福建省武夷山世界文化和自然遗产保护条例》……	《江西省森林公园条例》《黑龙江省五大连池世界地质公园保护条例》《重庆市湿地公园管理暂行办法》……	《云南省国家公园管理条例》《三江源国家公园条例（试行）》《神农架国家公园保护条例》《云南省迪庆藏族自治州香格里拉普达措国家公园保护管理条例》……

（二）我国现行法律体系存在的问题

1. 立法层级较低，影响法制体系的统一性

我国目前尚未出台一部用于统领特殊环境区域保护的专门法律，可以依据的法律只有 2014 年 4 月修订的环境保护法。单从内容来看，2014 年环境保护法与 1989 年环境保护法相比，尽管在法律原则层面涵盖了保护优化、损害担责、综合治理等重要内容，但并没有在自然保护区域相关法律规范的加入上取得实质性进展。相关内容涉及污染防治的内容较多，与生态保护相关的内容较少，这与当前国际社会力推综合性环境资源保护法的主流趋势相背离，因此，环境保护法难以统摄自然保护地领域开展有效保护的法律需要。

从已确立的专门法律文件来看，生态保护区域立法只有《自然保护区条例》和《风景名胜区条例》，两者都属于国务院出台的行政法规，不能适用于其他类型的自然保护地区域，也不能有效地协调涉及多个部门的自然保护地部门立法。① 而更多中央层面出台的法律文件都属于不同部委出台的部门规章，其法律效力层级相对更低，在针对不同类型自然保护地进行有效保护的协调方面效果有限。例如，《森林和野生动物类型自然保护区管理办法》是根据森林法制定的，《海洋自然保护区管理办法》则主要根据海洋环境保护法和《自然保护区条例》而制定，通过比较可以发现，《自然保护区条例》作为立法依据在指导部门立法中缺乏统一性。②

我国现阶段环境问题中生态破坏日益严峻，但尚未制定对生态保护和建设具有全面调整意义的基本法。国务院颁布的包括建设国家公园在内的国家生态主体功能区域建设规划等政策性文件，对于自然区域的生态保护仅起到指导性作用，调整效果远不如行政法规和部门规章。我国目前出台的针对某些自然资源指定的系列单项法律，如森林法、草原法、土地管理法等也仅仅侧重于维护不同类型自然区域资源的可持续利用，并未对自然保护区域建设和管理起到实质有效的调整作用。

2. 部门立法弊端多，央地立法缺乏协调性

自然保护地体系建设是在我国强大的环境资源压力和抢救性保护政策导向下发展起来的。③ 国务院职能部门立法往往具有针对性，围绕其负责的保护地

① 黄锡生、徐本鑫：《中国自然保护地法律保护的立法模式分析》，载《中国园林》2010 年第 11 期。

② 卫草源：《国务院修改〈自然保护区条例〉〈野生植物保护条例〉部分条款》，载《中国畜牧业》2017 年第 23 期。

③ 秦天宝：《论我国国家公园立法的几个维度》，载《环境保护》2018 年第 1 期。

类型开展专门立法，如森林公园立法由林业部门全权负责，而湿地公园和地质公园等其他类型保护地的立法则由住建部门负责管理，但同时也会将部门利益加入其中。地方省市的自然保护地立法是国家自然保护区域立法的重要组成部分，其中大部分属于针对某一具体保护区域的专项立法。单一具体立法的专业化很强，能够结合地方保护区的实际，但也存在缺乏全面性、整体意识和总体规划优势的问题。前文提到除了《自然保护区条例》《风景名胜区条例》等少数行政法规以外，多数法律文件由国务院部委或者地方立法机关分别制定，在缺乏国家层面统一自然保护地立法的情形下，法律文件的协调性问题更加突出。根据我国立法法，国务院职能部委出台的自然保护区域部门规章与地方人大出台的自然保护区域的地方性法规的法律效力存在模糊性，导致的问题是，地方性立法大多是根据自身具体情况而制定，可能会出于地方利益考虑而出台与部委立法相冲突的自然保护区域法规，甚至加入地方经济利益的开发性条款。

在自然保护区域行政法规存在的情形下，地方立法也会存在与上位法冲突的问题。例如，2017 年所发生的《甘肃祁连山国家级自然保护区条例》违背上位法国务院行政法规《自然保护区条例》关于规定禁止在自然保护区内进行"砍伐、放牧、狩猎、捕捞、采药、开垦、烧荒、开矿、采石、挖沙"等十类活动，甘肃地方保护区条例在规定中出现了放水现象，将禁止性规定局限于狩猎、垦荒、烧荒三项，造成自然保护区生态环境遭受破坏。①

3. 各类保护地性质界定不清，保护对象不明确

在中国现行的自然保护区域法律体系中，普遍适用的"自然保护地"概念虽然在国际上已经被广为采用，但由于我国适用的"自然保护区"的概念已经历经数十年时间而根深蒂固，导致立法中对于"自然保护地"的法律概念发展缓慢。② 根据《自然保护区条例》（2017 年修订）第 2 条规定，"自然保护区"是指对有代表性的自然生态系统、珍稀濒危野生动植物物种的天然集中分布区、有特殊意义的自然遗迹等保护对象所在的陆地、陆地水体或海域，依法划出一定面积予以特殊保护和管理的区域。而根据国家出台的《关于建立以国家公园为主体的自然保护地体系的指导意见》（2019 年），在其第五节中对"自然保护区"进行了限制性规定，在划定这些区域的基础上，强

① 雷正云：《对甘肃祁连山生态立法"放水"事件的法律思考》，载立法网，http：//www. li-fawang. cn/show - 68 - 6796 - 1. html，最后访问时间：2019 年 7 月 17 日。

② 王权典：《再论自然保护区立法基本问题：兼评〈自然保护地法〉与〈自然保护区域法〉之草案稿》，载《中州学刊》2007 年第 3 期。

调了保护区主要功能是确保主要保护对象的安全，维持和恢复珍稀濒危野生动植物种群数量，保护这些物种赖以生存的栖息环境。这与森林公园、地质公园、海洋公园、湿地公园等各类自然公园存在功能上的差异，后者更加突出了这些保护区域的生态、观赏、文化等可持续利用价值。

如果仍然维持目前立法中的概念体系，依据已有行政法规中关于"自然保护区"的界定，自然保护区与森林公园、风景名胜区和文物保护区之间可能存在重叠，而由于管理体制设定中这些保护区域所指定的管理部门不同，指定不清会带来主管部门职能的交叉与多头管理的问题。2018 年 3 月，中央机构改革方案出台，组建了国家林业和草原局，将原国家林业局职责、原农业部的草原监督管理职责，以及原国土资源部、原住房和城乡建设部等管理职责整合，同年 4 月国家公园管理局也正式成立，国家公园体制试点工作的职责整体移交给国家公园管理局负责。我国针对不同类型的自然保护地有了统一的管理机构，有效扭转了多年来多头管理的局面。

三、我国构建自然保护地法律体系的建议

我国正处于生态文明法治建设的快速期，以习近平总书记为核心的党中央高度重视采用法治方式推进我国生态文明建设。在我国大力推进环境污染防治、自然资源利用法律制度体系建设的同时，生态保护法律制度，尤其是以自然保护地法为统领的生态环境区域保护制度建设日益成为我国生态文明法治建设的短板，这就需要我国针对自然保护地法律体系建设"如何立法""立什么法""如何协调"的问题进行抉择，立法的路径选择与法律体系建设中不同法律的制度安排构成了其中的重要内容。

（一）自然保护地法律体系建设的路径选择

机遇与挑战并存，主要发达国家的自然保护地法治建设为我们提供了重要借鉴：一方面，作为重要的大陆法系国家，我国仍然需要借鉴德国、日本的法治建设经验，以构建一套制度完整、相互支撑和系统自治的自然保护地立法体系作为终极目标；另一方面，作为缺乏相关立法经验的国家，我国仍然需要寻找构建自然保护地立法体系的重要突破口，以重点实施某一个重要领域的自然保护地类型立法为工作重点，这一点美国对于国家公园立法展开的点面结合的立法体系经验也是可以参考的。

2019 年国家通过的《关于建立以国家公园为主体的自然保护地体系的指导意见》指出，我国自然保护地体系将形成"以国家公园为主体、自然保护

区为基础、各类型自然公园为补充"的建设格局。通过政策性指引，我国自然保护地法律体系也基本成型，而这也正与两大法系先进国家结合后的立法经验相契合。我国未来的自然保护地立法体系仍需建设"以自然保护法综合法为统领，以国家公园法为重点，以各类自然公园保护法为依托"，按照"综合法与专门法"相结合的理想模式，形成"1＋1＋N"的自然保护地法律体系。

在立法实施步骤上，可以由中央立法机关重点推动的国家公园立法作为工作重点，同时对制定一部综合性、开放性的"自然保护地法"进行研究，待综合法成熟后开展对自然保护区、风景名胜区等各类已有自然公园立法进行修改，针对自然遗迹保护等空白领域进行补充性立法。地方立法也是不可或缺的，由于不同类型的保护地分布于不同的省区市中，这里需要地方立法机关根据国家所制定的不同类型保护地的上位法，结合地方实际情况出台地方性法规。

（二）我国自然保护地综合性立法的制度安排

由中央立法机关制定"自然保护地法"，作为一部综合性法律，需要总体定位，特别是在立法宗旨与保护目标、法律基本原则、保护地类型划分与运行模式、监管主体与权责设置、其他参与主体的权利义务、支撑各类自然保护地的一般性制度等一系列内容进行顶层设计和整体规划。在立法宗旨层面，可以将保护生态完整性完善自然保护地空间体系，解决自然资源保护与开发的矛盾，促进经济社会可持续发展作为重要目标。在法律基本原则层面，既需要引入环境保护法所确定的保护优先、综合利用、损害担责、公众参与等基本原则，同时也可以结合保护地立法的特色引入央地协调、共享共治等基本原则。保护地类型的划分与界定是"自然保护地法"要规定的重要内容，《关于建立以国家公园为主体的自然保护地体系的指导意见》（2019年）中针对我国自然保护地类型的划分及其概念界定，需要在综合法中上升为法律。在监管体制层面，可以在2018年国家机构改革的基础上，结合生态环境部与自然资源部的具体职责分工，并参考不同保护地管理的需要，在综合法中进一步明晰不同部委之间以及地方政府与职能部门之间的权限。在一般性制度层面，综合法可以将涉及生态空间区域规划与保护制度、保护地开发与保护协调制度、部门协同制度、保护地自然资源权属制度、法律责任制度、纠纷解决制度等纳入其中。

（三）我国自然保护地专门性立法的制度完善

根据不同的保护地类型进行专门立法是自然保护地法律体系的重要内容，这需要立法者统筹考虑国家公园、自然保护区、风景名胜区、世界自然文化遗产等立法与自然保护地综合立法的关系。需要按照充分保障自然保护地体系中各类保护地的协同发展，兼顾特殊与一般原则，确定各类型保护地的具体制度内容。其一，国家公园的专门立法需要优先推动，其制度内容包括仅适用于国家公园的目标、原则、机制和制度。国家代表性是此类保护地的重要制度特征，如划定国家公园后，之前确定的其他类型保护地需要摘牌，由中央政府直接行使全民所有自然资源产权、国家公园由中央政府提供专门资金保障。其二，早期立法的专门保护地制度需要对标自然保护地综合法，相冲突的内容需要进行法律条文的修改或废止。其三，综合性立法确立后仍然存在空白的领域，则需要中央立法机关进行专门立法。例如，我国"自然遗产保护法"在2012 年提案中始终没有正式立法，新法在制定中需要纳入自然遗产标准分类和特殊保护等制度，还需要与《保护世界文化和自然遗产公约》进行制度衔接。

结　语

我国生态文明法治建设亟待建立一套健全的自然保护地法律体系。在立足国情的基础上，借鉴域外立法经验，建立以国家公园法为重点、以自然保护区法为基础、以自然保护地综合法为核心、以其他自然保护法为补充的"1 + 1 + N"法律体系势在必行。基于我国目前的立法现状，在推动国家公园优先立法的同时，制定一部具有全面调整功能的自然保护地领域综合法具有重要的现实意义。

（责任编辑　李美郡）

辅助还是相对独立？

——法官助理培养模式的健全与完善

靳先德[*]

摘　要： 不同法院对法官助理制度的理解和适用存在差异，结合司法人员分类管理制度分析，法官助理培养模式的缺陷主要表现为法官助理对于法官辅助有余而独立不足，其原因在于定位偏差、组织体系不完善和责任考核机制不明晰。通过打造法官与法官助理之间配合为主兼顾独立性的"审判团队式"新型法官助理培养模式，明晰法官助理未来法官"接班人"的角色定位、完善职级设置和入额遴选的组织体系构建、落实以理论水平和业务能力综合考核为标准的责任考核机制，以探索两者之间如何实现配合为主兼顾独立性，从而健全与完善司法人员分类管理制度下的法官助理培养模式。

关键词： 人员分类管理　培养模式　角色定位　组织体系　考核机制

2013 年 11 月 12 日，中国共产党第十八届中央委员会第三次全体会议审议通过《中共中央关于全面深化改革若干重大问题的决定》，明确提出："建立符合职业特点的司法人员管理制度，健全法官、检察官、人民警察统一招录、有序交流、逐级遴选机制，完善司法人员分类管理制度，健全法官、检察官、人民警察职业保障制度。"① 随后，《人民法院第四个五年改革纲要（2014—2018）》明确规定："健全法官助理、书记员、执行员等审判辅助人员管理制度。科学确定法官与审判辅助人员的数量比例，建立审判辅助人员的正常增补机制，切实减轻法官事务性工作负担。拓宽审判辅助人员的来源渠道，探索以购买社会化服务的方式，优化审判辅助人员结构……建立法官员额制度……确保

　＊　靳先德，上海铁路运输法院民事审判庭法官助理。
　①　施鹏鹏：《法院人员分类管理制度的学理逻辑》，载《人民法院报》2016 年 5 月 5 日。

优秀法官留在审判一线。"① 可见，司法人员分类管理制度是本轮司法改革落实司法责任制、实现法官精英化的重要环节，而其中的法官助理制度，既关乎未来法官的人才储备，又影响法院工作的实际运行，是一项具有承上启下意义的重要制度。

法官助理制度形成于 19 世纪后半期的美国，成熟于 20 世纪 50 年代，② 目前，法官助理制度已经在英美法系国家和大陆法系国家得到广泛的应用。我国是具有中国特色的社会主义国家，也构建了具有中国特色的法官助理制度，从《人民法院五年改革纲要》首次提出探索对法官配备法官助理，③ 到 2014 年 9 月 6 日，举行首批法官助理、检察官助理任命大会并举行颁证和宣誓仪式，④我国法官助理制度逐渐形成并完善。但是，在构建法官助理制度并将其在全国进行推广之后，关于法官助理的培养模式，却没有系统与完善的制度规定和方案设计，这使得法官助理制度在真正的落实和运行过程中遇到了困境，尤其在法官助理与法官之间的配合与独立性问题上矛盾突出，因此，有必要结合当下司法人员分类管理制度改革的新形势，进一步探索科学的法官助理培养模式，以真正实现该制度设计的初衷。

一、错位的理解与培养——法官助理培养模式存在辅助有余独立不足现象

根据《人民法院工作人员分类管理制度改革意见》，人民法院工作人员是指各级人民法院中纳入中央政法专项编制，依法履行审判、审判辅助、司法行政职能，由国家财政负担工资福利，在编在职的除工勤人员以外的人员。这就是我国目前司法人员分类管理制度下的主要分类模块。其中，法官是依法行使国家审判权的审判人员，审判辅助人员是协助法官履行审判职责的人员，包括

---

① 最高人民法院《关于全面深化人民法院改革的意见——人民法院第四个五年改革纲要（2014—2018）》（法发〔2015〕3 号）。

② 参见牛博文：《浅谈法官助理制度》，载《人民司法（应用）》2016 年第 10 期。

③ 参见最高人民法院司法改革办公室颁布的《人民法院五年改革纲要》（法发〔1999〕28 号）第 33 条规定："随着审判长选任工作的开展，结合人民法院组织法的修改、高级人民法院或以对法官配备法官助理和取消助理审判员工作进行试点，摸索经验。"

④ 参见《我国首批法官助理检察官助理接受任命》，载《法制日报》2014 年 9 月 6 日。参见孙正君：《从 2014 回溯 2004：法官助理职责岗位与职业路径的技术性探讨》，载贺荣主编：《尊重司法规律与刑事法律适用研究（上）——全国法院第 27 届学术讨论会获奖论文集》，人民法院出版社 2016 年版，第 216 页。

执行员、法官助理、书记员、司法警察、司法技术人员、技术调查等。[①] 据此，法官助理被明确归为审判辅助人员一类，那么对于法官助理这一"审判辅助人员"，不同法院是如何理解，又是如何对其进行培养的呢？笔者对当前法官助理培养模式的现状及存在的问题进行梳理和探讨。

（一）片面强调依附性——人身依附型培养模式

根据 2015 年最高人民法院《关于完善人民法院司法责任制若干意见》第 19 条的规定，法官助理的主要工作内容如审查诉讼材料、协助法官组织庭前调解、在法官的指导下草拟裁判文书等，均为受法官指派或委托，被定位为纯粹的法官助手，对法官具有较强的服从和依附关系，[②] 导致部分法院在对法官助理的培养模式上不是首先从法官助理本身出发，而是从法官的需求出发，法官助理在与法官的相处过程中没有主动性，而是处于被支配的状态，使得对法官助理的培养体现为一种人身依附型模式。在这一模式下，法官居于绝对的核心地位，法官助理的工作完全依附于法官的指挥与部署，作为法官的助手，法官助理的工作，如干什么、怎么干等完全听命于法官，法官助理没有自己的决策权，一切以法官的意志为转移。[③] 人身依附型培养模式导致法官助理工作的好坏完全以法官个人的好恶和评判为标准，法官助理被完全置于"辅助"这一概念之下予以运用和培养，剥夺了法官助理职能中本应具有的"独立性"，使法官助理成为法官的"附庸"，这不仅不利于法官助理的成长，也与提高审判效率、实现法官队伍"精英化"化的制度设计的初衷相悖。

（二）秘书型的助理——行政领导型培养模式

行政领导型培养模式即法官与法官助理之间的关系类似于行政领导与下属之间的关系，也可理解为"秘书型"的培养模式，即法官是领导、法官助理是下属。法官助理的工作，如组织证据交换、调解、送达、保全、起草法律文书等，都是依据法官的命令来执行，法官助理只是法官命令的执行者，必须不折不扣地完成法官交办的任务，行政领导型培养模式与人身依附型培养模式具有一定的相似性，但是相对于人身依附型培养模式，法官助理的独立性略高。这种模式与我国法院内部长期的行政化管理模式有关，法官职务级别与行政级

---

① 参见何帆：《司法人员分类改革的成效与完善》，载 lumn_ View. aspx? ColumnID = 1109&InfoID = 24677，最后访问日期：2018 年 5 月 20 日。

② 参见张勤：《厘定员额制下的人案矛盾与法官助理职责》，载《中国社会科学报》2019 年 7 月 17 日。

③ 参见陈召坤：《法官助理的独立价值解析》，载《山东审判》2016 年第 3 期。

别挂钩，而行政机关的内部上下级之间又是领导与被领导关系，虽然我国法院目前改革去行政化和实行法官单独职务序列，但长期行政化管理之下，部分法官对改革的适应程度仍应打上问号，而这也会间接地影响到法官助理的培养模式。

（三）辅助与独立混淆——师傅徒弟型培养模式

师傅徒弟型培养模式是当前法官与法官助理之间比较广泛存在的培养模式，即法官助理在法官的指导下完成相应的司法任务，通过跟随法官参与调查、调解、庭审和裁判文书草拟等环节的实战训练。[①] 师傅徒弟型培养模式类似于美国联邦法院的法官助理培养模式，如美国联邦法院大法官每个人手下都有至少 4 名法官助理和 2 名秘书，法官助理由各大法官亲自面试挑选，听从大法官本人调遣，按照大法官判断撰写司法意见。[②] 当然，我国法院的师傅徒弟型法官助理培养模式不同于美国联邦法院大法官对法官助理的培养模式，也不会由法官亲自面试，但是在法官与法官助理之间的关系上，师傅徒弟型培养模式下，法官助理由其跟随的法官一手传教，其技能和对法院工作认识的水平，乃至其日后成为法官后的司法实务水平基本取决于作为其师傅的法官。这种培养方式虽然相较于上述两种培养方式，法官助理有相对较强的独立性，但是法官助理的成长环境具有了随机性，即如果遇到一个业务水平精湛、责任心强的法官，作为徒弟的法官助理会获益匪浅；如果遇到的法官水平一般，对作为徒弟的法官助理责任心不强的话，则法官助理境况堪忧。

综上，笔者认为我国当前的法官助理培养体系尚不健全，突出体现为法官助理对带教法官的人身依附性较强，而其独立办案能力培养较差，这既不利于法官助理自身的发展，也不利于案件审判质效的提高。因此，应当对当前的法官助理培养机制进行创新和改造，并且转变对法官助理只是司法辅助人员的片面认知，在法官助理属于司法辅助人员分类的这一前提下，重点培养其独立能力，如允许其根据自身对案件争议焦点的把握和理解组织证据交换、研判案件调解可能性、参加案件合议、起草法律文书表达合理观点等，通过技术性的工作参与提高其未来法官接班人的"成色"，而不仅仅是从事收发案件材料、担任庭审记录、核对法律文书、撰写裁定书等程序性事项。

①　参见田成有：《"承上启下"的法官助理》，载《人民法院报》2016 年 11 月 14 日。
②　参见苏力：《送法下乡——中国基层司法制度研究》，北京大学出版社 2011 年版，第 45 页。

二、培养模式重辅助轻独立的原因——人员分类管理制度下主观定位偏差与配套体系缺失

司法人员分类管理制度下，审判人员、司法辅助人员、司法行政人员各自的职责其实有相对明确的规定，这点在上文也有所提及，并且司法辅助人员中又包括许多类人员，其中最重要的一类应是法官助理，其承担着未来法官"蓄水池"[①] 的作用，可就是对于这类最重要的司法辅助人员，通过以上分析，可以发现其培养模式上存在重辅助轻独立的现象，究其原因，笔者认为应有以下几点：

（一）角色定位存在主观认知偏差

关于法官助理这一岗位的认知，不同法院、不同法官乃至法官助理本身都存在定位上的偏差。产生这种偏差的原因有以下几点：一是法官助理来源多样导致难以统一定位。法官助理目前存在多种来源，主要有通过公务员考试录取、未入额法官担任、书记员改任等，不同职业或工种的人员担任法官助理，且素质多短期内难以达到独立办案的标准，使得法院内部对这一岗位的认知往往成为高素质书记员的代名词，更谈不上针对不同法官助理的分类培养。二是法官的个体性认知差异。[②] 产生这点的原因主要是法官自身的因素，即部分法官习惯于将审判权集中于自己一人行使，甚至因反感于先由法官助理起草文书，自己再来修改的业务模式，索性把法官助理作为辅助人员使用而忽视了培养其办案"独立性"。三是部分法官助理自身对岗位的独立性存在认知偏差。现实中部分法官助理因为不需要如法官一般对裁判文书终身负责，而认为司法裁判过程中的技能锻炼与己无关，只要做好法官交办的事项便可应付交差，在依赖带教法官为自己遮风挡雨的同时，失去了提高自身深度研判案件能力的机会。

（二）组织体系不能适应法官助理的独立性需求

笔者认为，法官助理的组织体系的不合理性表现在法官与法官助理以及书

---

① 参见李文广：《主审法官好帮手承上启下关键人——法官助理制度改革述评》，载《人民法院报》2015 年 12 月 21 日。

② 参见安顺市中级人民法院课题组：《法官助理制度的研究——基于职能定位与组织设置的交叉影响》，载《法治博览》2017 年第 8 期。

记员的人员配备比例不科学、法官助理本身的职级序列不明确、法官助理的入额遴选制度僵硬等方面。

1. 法官、法官助理、书记员配备比例不统一

关于法官、法官助理、书记员的配备比例各法院存在做法上的不统一，如广州市中级人民法院推行的"1∶1∶1"即一名法官配一名法官助理和一名书记员；陕西省西安市碑林区人民法院推行的"1∶3∶2∶1∶1"，即一名审判长和三名审判员相对固定组成合议庭，搭配两名法官助理及一名书记员和一名速录员组成一个审判组合；① 江苏省常州市钟楼区人民法院试行的"3∶3∶2"，即三名法官与二名法官助理及二名书记员组成一个相对固定的审判组合，② 不同级别不同法院的配备比例不尽相同，但实际工作中多是书记员不够助理来凑，这种人员配备上的不科学本身便影响了法官助理的平衡发展。

2. 法官助理职级序列不明晰

法官助理本身职级序列不明晰，在司法体制综合配套改革对法官助理职级进行明确规定前，各地法院对法官助理职级设置进行了许多探索，如有的法院把法官助理分为五个等级，每一级别对应不同的工资标准，也有的法院尝试将法官助理划分为初级和高级两个等级，并依次设置了五级至四级助理、三级至一级助理等，比照法官单独等级序列设置法官助理职务序列，却缺乏合理的划分依据与法官助理员额的衔接制度，导致法官助理本身职级构造存在机械性，其地位更难以独立。司法体制综合配套改革对法官助理的职级进行了划分之后，将法官助理设置为特级、高级和初级三档，其中高级和初级法官助理又各设五级，虽然在形式上对法官职级进行了规定，但是除了初次职级晋升应当符合年限要求和考核标准外，职级再次晋升标准仍较为模糊，且法官助理职级晋升标准与综合管理类岗位职级晋升标准考核有何不同也未予以明确，不利于法官助理这一专门技术类岗位的特殊培养模式形成。

3. 员额考试遴选培养方案缺失

目前，法官助理必须通过员额考试才能够成为员额法官，在员额法官有固定比例限制的前提下，为了避免员额名额用尽，同时也为法官助理在成为法官前能够积累审判经验，法官助理参加员额考试具有年限要求。现阶段，法官助理参加员额考试遴选的年限被划分了三个层次，其中最短期限也为5年，但是在如此长的年限中，法官助理该如何培养其担任法官的能力并没有明确的方

① 参见叶圣彬：《司法改革背景下法官助理定位及相关问题研究》，载《法治社会》2016年第3期。

② 参见杨玉兰：《法官助理制度的实践与探索》，载《人民司法（应用）》2007年第13期。

案，各法官助理能力的培养相对缺乏。同时，员额考试内容往往包括笔试、庭审、面试三个环节，但是如何对法官助理在参加员额考试前的工作业绩进行考察，并如何将其合理地纳入考试内容，以及如果纳入其中，其应当占多大的比重，这些仍具有进一步探讨的空间。而且，当前对法官助理参加员额考试的业绩考核仍然停留在形式阶段，主要方法是考核法官助理跟案数量，对于法官助理所跟案件的性质、难易程度，法官助理在跟案过程中的具体工作内容、工作量的考察仍不明确，这导致法官助理的培养在与员额考试制度的衔接方面仍存在不畅之处。

（三）缺失明晰的责任考核机制

司法人员分类管理改革下的员额制改革是用以区分审判人员与法院其他工作人员的重要方式，伴随着员额制的推行，法官对所承办案件终身负责的责任考核机制也得以落实。同法官的终身责任制形成对比的是，法官助理的责任考核机制并未得到明确规定，法官助理作为法官身边的重要角色，法官所承办案件的每一环节几乎都会有法官助理的参与，甚至毫不夸张地说，其参与的效果在很大程度上决定了案件的审理质量，如没有明确的责任考核机制，则会使得法官助理这一职位中监督、独立的功能无法发挥，而正是这部分功能无法发挥，导致了畸形的法官助理培养模式。

在没有明确责任考核机制的情况下，法官助理作为法官的助手，加之法院长期以来的行政化管理模式，就导致了法官助理工作的好坏、成绩的优劣完全由法官助理所跟随的法官进行评价，这就不可避免地造成了法官助理对法官的依附与法官对法官助理的控制，最终导致在法官助理的培养模式上，法官助理命令化的服从多于其主动的参与。[1] 当然，责任考核机制不明也导致了另一种情形，即法官助理消极懈怠，该情形可能主要存在于因员额制改革而失去审判员身份被迫转为法官助理的情形中。[2] 总之，责任制的明晰表现为成绩的考核与业绩的评判，这是保障职务独立性与人员积极性的重要因素，缺乏明确的责任考核机制则会导致法官助理工作过程从源头上缺乏合理监督与评判，而不统一、甚至带有极大主观性的责任考核也会影响法官助理参与案件审判的积极性，导致其宁可更多地从事不易犯错的程序性工作，也不愿从事可能导致法官绩效受到影响的技术性工作。

---

[1] 参见陈召坤：《法官助理的独立价值解析》，载《山东审判》2016年第3期。
[2] 参见吴思远：《法官助理制度：经验教训与难题突破》，载《法律适用》2016年第9期。

三、法官助理培养模式的构建和完善——从定位、组织与责任制的角度出发

（一）打造统一与完备的组织体系

法官与法官助理的配备比例就当前法院的人员构成来说难以形成完全统一的模式。笔者认为，鉴于我国法院分为四级，同时又存在专门法院如铁路运输法院、海事法院、知识产权法院等，因此，可由各省、自治区、直辖市的高级法院根据本地区的情况制定所辖法院的法官与法官助理配备比例，并对专门法院结合其案件特点规定对应的人员配备比例。关于法官助理的职级，因其有资格参加入额遴选的年限已经确定，所以，法官助理职级的确定也可参照上文法官与法官助理的配备比例，由高级法院进行合理安排，但不应由各级法院随意进行规定，以免造成法官助理职级序列的混乱，同时应当以法官助理的实际业绩和办案量或者案件参与量作为法官助理职级晋升依据，而不应仅以入职年限作为主要参考标准。关于法官助理参加入额遴选问题，就目前的法官助理入额年限来说，其划分的主要依据是法官助理自身的学历与学位，这样的划分在一定程度上区分了法官助理的理论水平，有其合理性，但却未能兼顾进入法院工作后，法官助理的实际成长和适应能力。笔者认为，法官助理的入额遴选年限不应作硬性规定，而应当作为法官助理参与遴选时的一个参考因素，以便于真正激发法官助理的积极性，避免该制度成为律师、法务等职业的"阶梯"，或培训法律新手的"短期夏令营"。① 另外，对于不同理论水平的法官助理，其进入法院后担任的工作和发展方向往往不一致，有必要在进行区分的同时制定相配套的培养方案。

（二）紧抓责任制的"牛鼻子"

一项制度实施的好坏与否，必须有相应的奖惩机制作保障。法官助理责任制度的落实与法官助理的职责密切相关，职责难以明确，对其进行量化考核就存在一定的困难，同时，其工作业绩的评判标准与主体也影响着责任考核制度的落实。关于法官助理的职责，上文已经部分提到，对于程序性事项由书记员来处理，对于专业型事项由法官助理进行处理，以在原则上区分法官助理与书

---

① 参见万毅：《法官助理，何去何从？》，载《四川法制报》2017 年 3 月 30 日。

记员的职责范围。[①] 在法院内部成立专门的委员会作为法官助理业绩考核主体，并且带领法官助理的法官应当在考核过程中具有一定的发言权。[②] 法官助理因其工作内容存在一定程度的一致性，所以在考核时应当具有一定的横向标准：在考察业务能力方面，法官助理选择提交自己相应数量的案件资料由审判委员会统一评比；在理论水平方面，定期考察法官助理案例分析写作、调研文章获奖情况、论文发表情况与质量。通过业务与理论两个方面建立两个维度的考核方向，并最终综合这两个方面实现考核标准的统一。落实责任制的"牛鼻子"就在于明确职责范围、明晰业绩考核标准与主体，只有实现三方面的规范化才能真正落实责任制度，从而实现法官助理培养模式的良性运行。

（三）构建配合为主兼顾独立性的法官助理新型培养模式

司法人员分类管理制度下，法官助理作为审判辅助人员，在与法官的工作过程中，配合法官必然是其主要的职能定位，但是只注重配合而忽视独立因素的话，则是曲解了"辅助"的含义，也必然会使得法官助理制度无法发挥其真正的价值。因此，对于当前法官助理辅助有余而独立性不足的培养模式，有必要进行完善并探索构建新型的培养模式。目前，有部分法院在探索新型的审判模式，这类审判模式中涵盖了对于法官助理的培养模式，如北京第二中级人民法院员额法官、法官助理、书记员分工协作相对固定的审判团队，[③] 以及其他法院打造的专业化审判团队模式等。这种探索是对审判组织模式的创新性发展，在人员分类的情况下，对协调审判人员与辅助人员的分工具有益处，但即使是这种探索，也并未能完全注意到以员额法官为核心的整个审判团队中，法官助理在承上启下的过程中所发挥的重要作用。笔者认为，应当着力构建一种配合为主兼顾独立性的"审判团队式"新型法官助理培养模式：

1. 将法官助理作为法官的"接班人"来培养

明确法官助理在审判团队中的承上启下作用，并肯定法官助理精英化的角色定位，将法官助理作为未来法官的"接班人"来培养。对此，应当进一步规范法官助理的来源渠道，对于统一考试招录的法官助理、聘任制的法官助理以及系统内部转化的法官助理等，制定相应的管理办法来规范，并明确不同法官助理岗位职责与任务分工，充分落实司法责任制的改革要求。与此同时，应

---

① 参见汪敏、王亚明：《法官助理干哪些活》，载《人民法院报》2016年3月25日。

② 参见刘茵、宋毅：《法官助理分类分级管理和职业化发展新模式研究——以北京市第三中级人民法院司法改革试点实践经验为基础》，载《法律适用》2016年第5期。

③ 参见郭京霞、赵岩、王要勤：《北京二中院新型审判团队全面运行》，载《人民法院报》2016年10月15日。

当进一步明确法官助理与书记员之间的职责区分，着重培养法官助理在审判调解、证据交换、草拟文书等方面的能力，对于记录、归档、录入等程序性事项可以主要通过书记员进行处理。

2. 法官与法官助理之间配合与独立并存

以确定员额法官为核心，同时凸显法官、法官助理之间配合与独立并存的关系，使法官助理能够在学习掌握审判技能、熟练完成法官交办的审判辅助工作的同时，保持这一岗位本身应当具备的独立性。笔者认为，可以将法官助理培养融于审判团队构造之中，法官助理只需与审判团队中的法官搭配即可，但无须有固定的"一对一"或"一对多"的搭配模式，因为审判团队多是专业化审判，虽然跟随不同法官，但法官助理均是接触同类案件，对其专业化的业务能力提升并无影响。同时，无固定的搭配使得法官助理对法官的人身依附性降低，其独立性得以显现，并且打破固定的人身依附关系使法官助理有机会了解不同法官的办案技巧，更有利于其积累审判经验，在提升自身业务能力的同时，掌握不同法官处理案件的方法，在遇到疑难复杂案件时能够有更多的思路与方向，从而更好地辅助法官办案，提升案件审判质效，实现"1+1>2"的正向效应。

3. 细化专门的法官助理制度规范

关于法官助理的组织体系建设，应当进一步细化"法官助理管理办法"等专门的法官助理制度规范，明确由高级人民法院根据本地区以及辖区内不同类型的法院，分别制定具有地区特色和专业特色的法官与法官助理人员配备比例和职级序列安排等。同时，笔者认为，尽管当前主流意识仍是认为法官、助理、书记员之间应为1+1+1的基本配制模式，但是在具体操作时，也应当征求不同法官与助理的意见，不能为了完成指标而进行硬性搭配。比如，有的法官在实际办案过程中对法官助理的依赖性并不强，但是对于书记员的需求更加强烈，强行为其配备助理反而不利于审判工作开展，在这种情况下应当灵活处理。同时，对于法官助理员额遴选，应结合法官助理入职前的学历水平与入职后的工作能力，进一步细化员额考试考核的方式与内容，可结合调研情况与办案工作量，尽可能多地考察员额之前的工作业绩，而不是简单以笔试、面试等方式确定员额人选，以真正激发法官助理的积极性。

4. 完善法官助理考核机制

法官助理的绩效考核可由该审判团队中的入额法官集体进行，或由该审判团队中入额法官出具个人意见，向法院内部专门机构进行反馈，保证责任制的有效落实。并且，将考核标准明确为业务能力考核和理论水平考核，业务能力考核以法官助理在参与案件中的业务量为标准，理论水平考核以法官助理撰写的调研文章、论文等获奖情况为考核标准，遵循"激励与保健理论"，[1] 打造科学的法官助理业绩考核指标体系。同时，应当注重为法官助理搭建展示能力平台，针对法官助理以青年人为主热爱参加集体活动的特点，为其搭建好展示信息写作、调研成果的平台，实施青年干部专项培养，[2] 并在绩效考核时对法官助理集体活动参与程度进行考量。

结　语

姜世明先生言："法官助理对于法官之工作进行，理论上原应有颇大帮助，尤其系若能得到较优秀人员者，对于法官办案而言，乃如虎添翼。类似助理性制度，对法官而言甚为重要。"[3] 优秀的法官助理更需要有科学的培养模式才能够在未来成为中国司法事业的脊梁，针对我国司法领域法官助理培养模式的重辅助而轻独立现象，微观上应当具体到每个法官与法官助理，转变对法官助理这一岗位的认知，充分理解其独立办案能力培养的重要性；宏观上应当进一步完善体制机制建设，构建以配合为主兼顾独立性的法官助理新型培养模式，建立健全法官助理责任考核体系，将法官助理培养动态化地融入审判团队运转中，要不断探索、优化法官助理培养模式，逐步实现法官助理培养科学化、规范化，为全面依法治国提供更多的优秀司法人才。

（责任编辑　李佳臻）

---

① 参见于琳：《双因素理论检视下的法官助理制度》，载《山东审判》2016 年第 5 期。

② 潘楚芹、张力群：《积极探索法官助理培养使用新路径》，载《人民法院报》2018 年 9 月 26 日。

③ 芮明杰：《管理学》，高等教育出版社 2009 年版，第 317—320 页。

简式裁判文书的改革问题及完善路径

杨美峰[*]

摘　要：我国正推行案件繁简分流，通过构建速裁团队实行要素式审判，采用要素式、令状式、表格式裁判文书以实现简易案件速裁、快审。简式裁判文书是案件繁简分流的结果，案件繁简分流等审前程序是简式裁判文书质量的保障。然而繁简分流标准不明、要素表定位缺失、审前程序缺乏保障等问题突发导致裁判文书质量堪忧。因此，应从完善案件繁简分流标准、构建成熟的审前程序，保障简易案件的正当程序、尊重当事人的程序选择权，并实现当庭宣判、试行网络公开庭审笔录等方面推动简式裁判文书配套改革，最终实现"简单案件简易审、复杂案件精细审"的目标。

关键词：简式裁判文书　繁简分流　要素式　速裁

引　言

近年随着案件繁简分流的推进，各地法院陆续出台要素式等审判方式及简式裁判文书的规范性文件。^①简式裁判文书改革不断推进并走向规范化。

2012 年深圳市中级人民法院发布了《关于一审民事裁判文书简化改革的若干规定》，并尝试当庭出具裁判文书。2013 年广东省高级人民法院发布《关于推行民事裁判文书改革促进办案标准化和庭审规范化的实施意见》，提出"小额案件快速审、简单案件简易审、复杂案件精细审"，并对要素式裁判文书和令状式裁判文书作了规定。2014 年浙江省高级人民法院发布《关于民商

---

* 杨美峰，中山大学法律硕士。

① 早在 2003 年，江苏海安县法院就 6 起盗窃案审判后出具了表格判决书，并出台了《试行部分盗窃案件判决书表格化制作的意见》，载 http://mini. eastday. com/a/160615214633881 – 2. html，最后访问日期：2018 年 8 月 2 日。

事案件简式裁判文书制作指引》，将简式裁判文书分为令状式和要素式。根据
《关于民商事案件简式裁判文书制作指引》，要素式裁判文书根据案件要素载
明当事人意见、证据和裁判理由及结果。令状式裁判文书只包含当事人基本情
况、原告诉请、基本事实和裁判主文，不详细记载诉辩主张和裁判理由。①
2018 年，北京市人民法院出台的《速裁案件要素式审判若干规定（试行）》
也规定了要素式审判方式和裁判文书格式规范。2019 年 10 月，山东省高级人
民法院也发布了《关于印发要素式审判方式指引（试行）的通知》。

最高人民法院方面，2016 年 7 月公布的新版《民事诉讼文书样式》设计
了要素式、令状式和表格式简单裁判文书。2019 年，最高人民法院发布的
《关于建设一站式多元解纷机制　一站式诉讼服务中心的意见》明确了建立简
案速裁快审机制，制作类案文书模板。

简易案件和复杂案件裁判文书同质化严重，裁判文书未考虑不同案件的需
求，类型单一，简易案卷判决冗长难懂，疑难案件说理不足，成为裁判文书进
行改革的内在需求。与此同时，案件繁简分流也导致裁判文书的分流，即
"简式裁判文书和要式裁判文书"。②

一、简式裁判文书的必要性分析

裁判文书是案件的记录者，裁判文书的形式以及书写规范将影响事实记载
的权威性和记录的准确客观性。优质裁判文书应当满足：事实清楚、法律适用
正确，逻辑推理清晰。裁判文书写作过程必然面临事实筛选的问题，对事实选
择的不同或者事实描绘侧重点的不同，造成对案件不同的认定评价。优质的判
决书应客观、平衡、清晰记载当事人提出的证据、诉辩主张和法院认定的事实
以及法院的裁判理由。而裁判文书的形式简化也就意味着案件记载事实和裁判
理由等内容的简化。

（一）历史的规律：裁判文书的功能与演进

裁判文书的改革离不开两个方面：裁判文书形式的革新和裁判文书内容的
革新。"形式之转化为内容；内容之转化为形式。"③ 裁判文书的形式是因内容

---

① 各地要素式裁判文书和令状式裁判文书的定义大同小异，未见表格式裁判文书官方定义，但
是通过检索资料来看，其是裁判文书的表格化表达，其内容和要素式裁判文书基本相同。

② 王新清：《刑事裁判文书繁简分流问题研究》，载《法学家》2017 年第 5 期。

③ ［德］黑格尔：《小逻辑》，贺麟译，商务印书馆 1980 年版，第 278 页。

的严肃性而创造，二者具有密切关系，其形式具有不可随意更改性。

中国记载最早的裁判书出自先秦。① 古代大体分为骈判与散判两种，前者主要盛行于唐，注重文采，文学性强；后者主要盛行于明、清，注重叙述事实和裁判的理由，文学性色彩较弱。② 晚清、民国时期，裁判文书格式和语言走向专业化，但仍然夹杂文言文，篇幅相对短小，体现了承前启后的特点。③ 新中国成立初期，裁判文书类型单一、篇幅短小，客观性较弱，但已有现代文书雏形。改革开放后，裁判文书不断走向规范化。裁判文书演进是内容与形式从随意性、文学性走向法言法语、规范性的过程。正所谓"判决书是否能够在诉讼审判制度中占据关键位置，还取决于其具有的样式或结构"④。这一点从中国裁判文书的演进史可见一斑。

国外裁判文书的演进史和中国有相似之处。以普通法最早时期的令状为例，其产生的裁判文书相对单一、简短。13 世纪末 14 世纪初，为适应时代的变化，许多令状开始相继被废止，更为灵活的衡平法产生，⑤ 裁判文书也更为多元化。如今，由于英美法系国家采用判例法，裁判文书具有普遍约束力，呈现种类多、叙事详尽、说理性强的特点。大陆法系方面，20 世纪 80 年代日本开始对裁判文书进行瘦身改革。不过，改革并没有损害判决书说理论证功能。另外，日本对于裁判文书删减的部分，借助审前准备程序对当事人的主张和争议焦点等进行书面记录以予弥补相应不足。⑥

国内外裁判文书的发展是形式不断完善、内容质量不断提高、司法文明不断进步的过程。其基本演进逻辑是从简单单一到复杂多样，再到繁简得当。当下中国进行的裁判文书繁简分流在日本也曾出现过。

（二）现实的考量：案件繁简分流与裁判文书分类的必要性

"一个有活力的制度应该具备节俭使用诉讼资源的机制，以保证所利用的诉讼程序与特定案件需要相符合。"⑦ 裁判文书改革源于诉讼案件的快速增长

---

① 1975 年，陕西省岐山县发现的西周晚期青铜器上所刻铭文被认为是目前发现最早的判词，记载了一起奴隶买卖纠纷。参见苗怀明：《中国古代判词的发展轨迹及其文化蕴涵》，载《广州大学学报（社会科学版）》2002 年第 2 期。

② 参见汪世荣：《中国古代判词研究》，载《法律科学》1995 年第 3 期。

③ 参见田荔枝：《我国判词语体流变研究》，中国政法大学出版社 2011 年版。

④ 王亚新：《日本的民事裁判文书：说理的形式和方法》，载《人民法治》2015 年第 10 期。

⑤ 参见屈文生：《试论普通法令状的起源及其嬗变》，载《东方法学》2009 年第 5 期。

⑥ 参见王亚新：《日本的民事裁判文书：说理的形式和方法》，载《人民法治》2015 年第 10 期。

⑦ ［英］Adrian A. SZuckerman：《英国民事诉讼的改革》，叶自强译，载梁慧星主编：《民商法论丛》（第 6 卷），法律出版社 1997 年版，第 483—484 页。

与办案法官人手短缺的矛盾，为此制度的改革势在必行。以广州为例，两级法院案件数量第一次突破十万用时十三年，突破第二个十万历时三年，突破第三个十万用时两年。[①] 在可预期的未来，各地法院的案件数量仍将继续增长，而在实行员额制的今天，法官的数量却不可能大规模增长。

诉讼爆炸、诉讼迟延成为一种新的司法现象，为解决该问题各国都在努力推动司法改革，从审判程序、裁判文书等各方面为司法程序减负，从而推动民事纠纷的有效解决。

2016 年 9 月，最高人民法院发布的《关于进一步推进案件繁简分流优化司法资源配置的若干意见》（以下简称《繁简分流意见》）提出推行裁判文书繁简分流制度。裁判文书的分流制度也推动着审前程序的改革、庭审方式的革新，最终实现庭前明确争议焦点，当庭宣判、智能生成并当庭出具简式裁判文书。事实上各地法院已经开始这方面的尝试，如南京市鼓楼区人民法院等地方法院与相应公司合作，利用起诉书（起诉状）、要素表、庭审笔录等数据自动生成裁判文书。[②]

然而不得不考虑的问题是简式裁判文书改革中存在哪些问题，如欲实现预期效果应进行哪些方面的机制改革。

二、简式裁判文书改革中的问题分析

"作为一种说理论证方式，判决书的表达从来都在记述的全面透彻与简化内容节约篇幅这两种要求之间存在矛盾或紧张。这种紧张关系也是说理的充分与效率的提高这两种价值取向之间张力的体现。"[③] 案件繁简分流机制和简式裁判文书的出现符合历史发展规律和现实的需要，有其合理性和必要性，但是简式裁判文书的形式改革将导致判决内容及论述方式的改革，进而影响判决书的质量，因此须予以统筹考虑。

（一）简式裁判文书对审前程序的影响

我国 2012 年修订的民事诉讼法及 2015 年最高人民法院颁布的《关于适用〈中华人民共和国民事诉讼法〉的解释》（以下简称《民事诉讼法司法解释》

---

① 尚黎阳、穗法宣：《微法院探索助力广州互联网法院建设》，载《南方日报》2018 年 8 月 10 日。

② 参见 http：//www.njgcfy.gov.cn/www/gcfy/2017/xwzx5_ mb_ a3918012636326.htm，最后访问日期：2019 年 6 月 10 日。

③ 王亚新：《日本的民事裁判文书：说理的形式和方法》，载《人民法治》2015 年第 10 期。

进一步确立了适用简易程序案件的标准①。随着社会的快速发展，其已不能满足实际需求，对于速裁程序而言，简易程序的划分标准需要在原有的基础上予以细化、革新。考虑到各地法院的实际情况不尽相同，最高人民法院《繁简分流意见》将分流标准交给地方法院予以规定。下面结合广东、北京、浙江三地法院出台的规定为样本进行分析。

广东、浙江、北京简式裁判文书适用标准

种类	广东（2013 年）	浙江（2014 年）	北京（2018 年）
令状式	（1）信用卡透支纠纷；（2）按揭欠款纠纷；（3）拖欠物业服务费、水电费纠纷；（4）拖欠房屋租金纠纷；（5）工伤保险待遇纠纷；（6）被告仅以缺乏还款能力进行抗辩的民间借贷纠纷；（7）其他适宜用令状式裁判文书裁决的案件	（1）民间借贷纠纷；（2）金融借款合同纠纷；（3）物业合同纠纷；（4）普通商事合同类纠纷；（5）信用卡纠纷；（6）其他适宜用令状式裁判文书裁决的案件	未规定
要素式	（1）劳动争议；（2）交通事故；（3）延期交房、延期办证；（4）涉及抚养费、赡养费案件、履行离婚协议等婚姻家事案件；（5）其他适宜用要素式裁判文书裁决的民事案件	（1）劳动争议；（2）机动车交通事故责任纠纷；（3）房屋买卖合同；（4）涉及抚养费、赡养费、履行离婚协议等婚姻家事案件；（5）其他适宜用要素式裁判文书裁决的民商事案件	（1）诉讼标的额在 50 万元以下的买卖合同纠纷；（2）诉讼标的额在 50 万元以下的民间借贷纠纷；（3）信用卡纠纷；（4）金融借款纠纷；（5）追索物业费、供暖费的物业服务合同纠纷、供用热力合同纠纷；（6）机动车交通事故责任纠纷；（7）家事纠纷，包括婚姻家庭、继承、赡养、抚养、扶养等纠纷
表格式	未规定	未规定	未规定

---

① 简易案件包含小额诉讼案件。事实上民事诉讼法及民事诉讼法司法解释对简易程序的适用标准不够明确，小额诉讼程序规定相对具体，各地法院的繁简分流也是基本在小额诉讼案件的划分基础上进行调整。

首先是简式裁判文书的划分标准。广东、浙江、北京三地均以案件类型作为简式裁判文书适用依据。从类型来看，三地法院共同将民间借贷、家事案件、交通事故纠纷、信用卡纠纷、物业合同纠纷纳入简式裁判文书范畴，但是具体识别标准上有细微差别。其中，北京对买卖合同、民间借贷合同的诉讼标的进行了限制。北京未将劳动合同纠纷纳入简式裁判文书，广东未将买卖合同纳入简式裁判文书，浙江只笼统规定普通商事合同可适用简式裁判文书，缺乏细致的划分依据。上述划分的差别反映出各地识别简易案件的标准不一，反映出在这个问题上无法全国统一规定，需要结合地方实际更多探索。

在适用简易案件速裁程序的识别方式上，一般采用电脑识别方式为主，人工识别方式为辅的方式。至于分流的机构，有的由简易案件的法官识别；有的由立案庭负责识别，也有的先由立案庭识别，再由简易案件法官二次识别。① 人工方式识别精准，但是效率低且占用人力，适合案件数量相对较少的法院。计算机方式识别效率高，可以实现智能分案，同时实现简式裁判文书的一体化操作，但是会导致识别不精准的问题。

其次为要素表的功能设计与争点整理问题。目前各地法院在试行简式裁判文书的同时，设计了要素式表格，旨在实现审前阶段明确争点，提高庭审效率的目标。"无论审判能够怎样完美地实现正义，如果付出的代价过于昂贵，则人们往往只能放弃通过审判来实现正义的希望。"② 因此，简式裁判文书的改革是简化程序而不是增加诉讼事项或增加当事人的诉讼负担。

要素表的尴尬在于：设计内容过多时，造成当事人的诉讼负担，当事人填写意愿低；设计内容不充分时，又可能导致要素表的功能不能得以发挥。若具体到不同案由的不同要素，每种案件类型需数十要素项目才能涵盖，如此一来难以体现灵活性，也增加了当事人的诉讼负担。例如，浙江省高级人民法院、广东省高级人民法院规定的劳动案件要素表有 33 项之多，离婚纠纷案件要素表更是有 41 项之多。此举会造成没有诉讼经验或者法律知识的当事人不知所措，为保障当事人能够准确有效填写，法院甚至要安排人手对其指导，似乎有违简易案件初衷。

当然不容否认的是要素表可以起到对起诉状内容细化的作用，从而有效地明确争点。实践中也确实存在起诉状表述不清的问题，有的是当事人得不到要

---

① 参见江苏省宿迁市中级人民法院课题组：《权利保障抑或效率优先：民事案件繁简分流中的简案识别机制研究》，载《深化司法改革与行政审判实践研究（上）——全国法院第 28 届学术讨论会获奖论文集》。

② ［日］棚獺孝雄：《纠纷的解决与审判制度》，王亚新译，中国政法大学出版社 1994 年版，第266 页。

领，有的是利用诉讼技巧故意避开细节。而要素表恰恰弥补了这一缺陷，但是实际效果可能不尽如人意。根据目前各地规定，原告在递交起诉状时或者立案后填写，被告是在送达起诉状后填写。但由于要素表不是起诉状，也不是民事诉讼法规定的诉讼文书，当事人拒绝填写要素表时法院也无法拒绝受理。广东等地法院也明确规定，法院不得以当事人未填写类型化案件的要素表为由不予立案。既然我国不强制原告填写要素表，也未建立强制答辩制度，强制被告填写要素表更是无从谈起。正如起诉状可能会造成和要素表的内容重复，答辩状又何尝不会造成与要素表的内容重复，起诉状、答辩状、要素表等法律文书是否有定位重复之嫌，若当事人都未填写要素表或者只有一方填写要素表，如何实现争点的整理？

（二）简式裁判文书对司法权威的影响

从立案、庭审到裁判文书都是司法程序的仪式化产物。"陪审员、律师、当事人、证人，因为开庭仪式……而被赋予他们各自的职责。客观、公正、平等、公平——就被戏剧化了。如英谚所云，正义不但要被伸张，而且必须眼见着被伸张。"① 从庭审过程来看，速裁等审判方式可能只需要十几分钟即可结束庭审，互联网视频方式庭审则进一步淡化了这种仪式。

当事人面对法官、律师、法槌等人化和物化的仪式也是被普法洗涤的过程。司法过程是普法过程，而司法文书某种意义上也是普法的最终化表达。从裁判文书的形式来看，首部、正文、尾部以及法院的印章则是仪式化的符号化表达。例如，德国裁判文书开头冠以的"以人民的名义"是符号化的典型化表达。故裁判文书可以简化，但仪式化符号不可缺乏，同样也要避免添加的要素影响这种仪式化。令状式、要素式和表格式等三种文书，可能会降低传统司法文书的仪式感。表格是利于读者阅读同时方便批量化生产而采用的文书格式，更多侧重于资料的汇集填充；要素信息清晰明了，但是造成割裂感。简式裁判文书需要多项填充信息时，由于线条过多或者要素过多，损害了逻辑性、文书的严肃性以及行文的完整性。广东、浙江、北京均未规定表格式裁判文书可能也是基于此方面的考量。

实践中已有多地法院采用表格裁判文书。通过对比，笔者发现，表格式裁判文书在行文内容、方式和传统文书上并无本质区别，其将公诉机关、被告人基本情况、判决理由、法律依据、判决结果等要素转化为表格形式，但裁判理由不充分。若为精炼的目的，传统的裁判文书也可以 1—2 页呈现，至此除形

① ［美］伯尔曼：《法律与宗教》，梁治平译，商务印书馆 2012 年版，第 24 页。

式创新外并无实质意义。一种流行观点是传统裁判文书专业词汇太多，篇幅冗长，当事人难以理解，但是表格式、要素式、令状式等裁判文书并未发生语言的革新和内容的革新，其只是形式的革新，对于理解裁判文书帮助微乎其微。

（三）案件质量——纠纷解决的实效性分析

日本法学家辛堂幸司认为："国家不能在效率化的名义下，拒绝提供保护权利服务或缩短服务内容，进而使民事诉讼制度沦为无法利用的腐朽制度。"① 繁简分流的意义在于尽快让简易案件结案，保障普通案件质量，但如过度追求诉讼效率，可能会直接损害简易案件的质量，进而让民事诉讼制度设计的初衷遭受质疑。

诉讼爆炸、诉讼迟延等不只是中国法院所面临的问题，已经成为很多国家共同的难题。尽早作出判决并予以执行是正义的内在要求之一，然而效率是建立在正义基础之上的。当事人既然选择了司法程序作为救济途径，应承受一定的诉讼迟延代价。

"必须将终局性判决中的判断作为纠纷的解决基准加以尊重，否则纠纷将无法获得终局性的解决。"② 由于司法裁判具有终局性，终局裁判后当事人已经丧失了法律上的救济途径，故而司法公正是维护社会正义的最后一道防线。这样一来对诉讼程序提出了较高的要求，诉讼程序的复杂性和纠纷解决的效率性有冲突时，不宜过于强调效率问题的解决而忽视了程序法的应有之义。一方面，裁判文书作为司法审判结果的最终呈现方式并非最耗时的。简易案件即便不采用裁判文书一般也无须长篇论述，其工作量并不能称之为大。另一方面，上诉率和再审申请率从侧面反映简易速裁程序的效果。刑事案件速裁程序通过认罪认罚从宽制度赢得被告人的服判息诉。但是民事案件的原告、被告是相对的概念，需要双方当事人均服判息诉，小额程序案件则强制规定了一审终结制。现实应用不理想的重要原因在于，没有二审导致不服一审裁判当事人丧失了法律上的救济途径，难以有效解决民事纠纷，基层法院法官压力较大，对此亦持消极心态。因此，问题在于如何平衡诉讼效率和案件质量的冲突，若难以平息当事人的上诉、申诉，那么简易速裁程序以及简式裁判文书的价值是否大打折扣，由于社会公众难以从简式裁判文书窥探详尽的事实，如何实现社会公众的监督？可见，采用简易程序进行速裁，并适用简式裁判文书的同时，不得不考虑纠纷解决的实效性问题。

---

① ［日］辛堂幸司：《新民事诉讼法》，林剑锋译，法律出版社 2008 年版，第 8 页。
② ［日］辛堂幸司：《新民事诉讼法》，林剑锋译，法律出版社 2008 年版，第 472 页。

三、简式裁判文书的完善路径

简式裁判文书改革并非文书的形式改革，其需要对整个司法过程的统筹考虑。简式裁判文书改革若要达到预期的司法效果，立案阶段应分流准确、审前明确争议焦点、审判过程中保证正当程序，宣判后应建立简式裁判文书的质量监督体系，进而实现为简式裁判文书改革保驾护航的目标。

（一）审前程序的完善——繁简分流与起诉状改革

首先是案件繁简分流的标准和方法。分流的方法各地法院有不同的尝试。例如，深圳市中级人民法院建立了"案由＋要素"智能识别模式，识别准确率达到90%。2019年，山东省高级人民法院《关于民事速裁程序的若干规定（试行）》规定，通过技术平台进行繁简智能识别，将案件分流。笔者认为立案庭可以采用智能识别方式分案，分案到简易案件审判团队后进行二次人工识别，尽可能减少审判资源的浪费和诉讼迟延。当然无论是智能分流或者人工分流，其前提仍然是确立分流标准。标的额与案件类型相结合仍是比较科学的分流标准，随着分流经验的积累、数据的增多，这个标准需根据各地法院情况逐步调整完善。

其次是争点整理问题。在审前阶段做好争点的整理，才可能加快庭审进度，实现简案快审并当庭宣判、出具裁判文书。要素表是实现争点整理的重要途径，但其本质是起诉状改造问题。英美法系国家为在审前程序形成争点，要求起诉状必须全面、具体、明确地记载争议事实。大陆法系国家对起诉状事实陈述详细程度的要求较低，但是近年来大陆法系亦通过对起诉状的改革，明确审前准备程序的构建以促进争点的整理。① 为达到促进争点整理的目标，日本《民事诉讼法》规定：在诉状中除了要记载请求原因事实外，还必须对请求理由事实作出具体记载。② 美国曾长期奉行"通知起诉标准"，即原告不需要在诉状中提供具体事实，但是2007年Twombly案则打破了这一标准，美国联邦最高法院认为起诉状应提出具体事实。2009年Iqbal案中美国联邦最高法院再次适用"合理起诉标准"，并将其适用范围扩及所有的民事案件。③《联邦民事

---

① 参见纪格非：《论我国民事起诉状的功能转型与内容再造》，载《现代法学》2013年第6期。

② 参见［日］辛堂幸司：《新民事诉讼法》，林剑锋译，法律出版社2008年版，第8页。

③ 张海燕：《"进步"抑或"倒退"：美国民事起诉标准的最新实践及启示——以Twombly案和Iqbal案为中心》，载《法学家》2011年第3期。

诉讼规则》（2017 年）第 8 条亦规定，民事案件起诉状应当包括以下基本内容：简短而明晰的阐述法庭的审判管辖依据，除非法庭就此类案件已经作出了相应审判，原告的诉状也没有增加新的诉讼请求。清晰的证据表明原告应当获得司法救济，同时表明要求原告诉求的内容——救济的替代措施以及其他救济途径等。① 为方便当事人诉讼，美国法院还设计了起诉状的格式化文本，对当事人应当列举的事实予以细化规定，以引导当事人更好地诉讼，进而方便争点的整理。

我国民事诉讼法规定起诉状应当包含诉讼请求和所依据的事实与理由，但是规定比较笼统，未对事实的具体细化程度予以明确，实践中导致当事人故意语焉不详，以致于庭审突袭频发、庭审冗长，而要素表弥补了这一功能。但是如何科学设计要素表是实践中的一大难题。且要素表不是民事诉讼法规定的事项，法院不能以当事人拒绝填写要素表为由拒绝立案。对起诉状重塑，要求进一步明确细化案件事实，才是治本之策。同时参照美国的经验，提供不同案件的起诉状规范文本，无须再要求当事人填写要素表，以避免起诉状和要素表功能的重复，同时减轻当事人的诉讼负担。

我国民事诉讼法明确了当事人未答辩的不影响案件审理，因此，如果不构建强制答辩制度，同样无法实现争点的审前整理。目前，虽然有法院也进行了强制答辩等相应尝试，但是由于缺乏法律依据，经常遭受质疑。② 在民事案件完全强制答辩尚不成熟的现实条件下，可以人大授权的方式就简易案件试行强制答辩主义，不答辩的可以作出对其不利的裁判或者对当事人进行罚款等司法处罚。同时提供答辩状的格式化文本，通过起诉状、答辩状整理争点，从而实现要素式审判和简式裁判文书的一体化运作。③

（二）庭审程序——速裁模式的程序保障

根据我国《刑事诉讼法》第 224 条规定，速裁程序一般不进行法庭调查、法庭辩论。最高人民法院《关于民商事案件繁简分流和调解速裁操作规程

---

① 参见 www. uscourts. gov/sites/default/files/civil – rules – procedure – dec2017_ 0. pdf，browse date：8，10th，2018。

② 2019 年 5 月，深圳一则《答辩通知书》在网络流传。该通知书记载，如拒绝答辩"可能面临训诫、承担诉讼费用及律师费用等法律后果"。有人认为此举无法律依据。前海法院回应称该提示针对的是故意不答辩，致诉讼拖延的不诚信行为，载 http：//www. sohu. com/a/313105382_ 120047497，最后访问日期：2018 年 7 月 10 日。

③ 大陆法系和英美法系审前程序的争点整理做法略有不同，主要分专门进行争点整理等审前程序的预审法官和进行案件审理的承办法官，以及审前程序和审理程序统一法官两种模式。参见王亚新：《民事诉讼准备程序研究》，载《中外法学》2000 年第 2 期。

（试行）》规定："不受法庭调查、法庭辩论等程序限制。"但是庭审的目的在于厘清争议焦点，查清案件事实，因此审判程序创新的同时，构建程序保障机制尤为重要。

简式裁判文书对应的是庭审模式创新——要素式审判模式和视频传输技术。要素式审判模式是速裁程序中常见的庭审方式，即构建专业的速裁团队实现专案专审，对于无争议的事实，法院确认；对于有争议的事实则应重点审查，引导当事人按照争议要素事项举证质证，最终查清案件事实后，出具简式裁判文书。要素式等审判方式不能以牺牲法庭的基本程序性保障为代价。根据我国诉讼法规定，刑事案件中被告人有权拒绝适用简易程序，而民事案件当事人不能拒绝适用简易程序。无论是刑事案件还是民事案件，当事人所关心的都是案件结果，但案件程序的公正性、裁判文书的内容和形式，是当事人理解案件结果的一条通道。因此，应以保障正当程序为原则，对于当事人有异议的应充分尊重其辩论权，以避免当事人因程序选择权造成的对审判结果的不信任。庭审程序不宜过于简化，以避免降低法庭威严和仪式感。必要时通过法官行使诉讼指挥权引导当事人，以保证诉讼程序的高效进行。

要素式审判方式加快了庭审效率，而视频传输则从技术进一步加快了结案效率。杭州、北京、广州三家先后成立互联网法院，实现了三地涉网案件在线审理的目标。[①] 然而其缺点也是明显的，线下审判，法官可以通过近距离接触当事人、察言观色等方式形成心证、认定事实，古代庭审中的"五听"[②] 制度正是相应体现。而视频方式的参与人周边环境不明，难以对其心理形成压力，无形中降低对抗性。关于视频庭审方式最高人民法院亦认为，此举不符合直接言词规则，可能造成当事人程序利益的损减。还可能因技术故障，致当事人无法完整表达意见，变相损害辩论权。[③] 因此，《民事诉讼法司法解释》第 259 条规定，简易程序案件经双方当事人同意的可以适用视频技术方式庭审。我国各地进行的刑事案件远程视频开庭模式，亦明确了须经过被告人同意才可以使用远程视频庭审系统。故，对于互联网法院之外的案件应严格按照诉讼法等规定决定是否采用视频技术审理。

---

① 互联网法院审理的是涉网案件，无论是简易案件还是普通案件原则上均实行线上庭审。本文针对一般法院的简易程序案件，不就互联网法院线上庭审问题进行论述。

② 据《周礼·秋官·小司寇》记载："以五声听狱讼，求民情，一曰辞听；二曰色听；三曰气听；四曰耳听；五曰目听。"参见徐朝阳：《中国古代诉讼法·中国诉讼法溯源》，吴宏耀、童友美点校，中国政法大学出版社 2012 年版，第 35 页。

③ 沈德咏：《最高人民法院民事诉讼法司法解释理解与适用》（上），人民法院出版社 2015 年版，第 671 页。

（三）纠纷解决的实效性——简式裁判文书的质量保障

简易案件审限短、庭审简单，简式裁判文书叙事说理简单。如果说传统文书让当事人对冗长的裁判文书产生阅读困惑，而简式裁判文书也可能导致当事人对裁判结果的依据产生理解障碍。实践中，甚至有当事人对判决书中自身诉求、事实理由或者答辩意见未详细记载产生不满。因此，需要警惕案件质量降低、裁判文书质量降低，进而导致案结事未了，引发当事人对司法的信任危机。

首先是简式裁判文书内容的保障。当事人关心裁判结果，更关心裁判的依据。判决理由是裁判文书的重要组成部分，最高人民法院《关于加强和规范裁判文书释法说理的指导意见》规定，适用简易程序审理的案件，可以简化释法说理。然而简化说理，并不等同于全部简化说理，更不等同于不说理。对于事实争议及法律适用争议仍应当加强说理。裁判文书瘦身的前提在于有瘦有肥，瘦肥得当，否则造成判而不服，进而引发上诉、申诉，甚至上访，有损司法权威。对于说理不清，详略不当，当事人对简式裁判文书存在疑虑的，还应通过判后答疑制度解答。关于裁判文书的类型，笔者认为，为维护裁判文书的权威，应摒弃表格式裁判文书，采用令状式和要素式裁判文书。当要素内容过多时应采用传统的叙述表达方式，而不宜罗列十几项甚至几十项要素，以避免损伤裁判文书的严肃性和行文的逻辑性、顺畅性。在双方当事人均希望采用普通裁判文书以详细获知案件事实时，应根据案情需要由法官裁量是否尊重当事人的选择权。

从适用程序来看，广东的法院在一、二审程序均设计了简式裁判文书的样式，浙江的法院和北京的法院只设计了一审的简式裁判文书。笔者认为，简式裁判文书应主要适用于一审案件，二审案件事实清楚、适用法律正确的，可以继续使用简式裁判文书。二审改判的或者有未查清事实的，应采用普通裁判文书，从而更好的叙事说理，以实现服判息诉，有效解决民事纠纷。

其次是简式裁判文书的完成机制保障，即当庭宣判、当庭送达。刑事诉讼法明确规定，适用速裁程序审理案件，应当当庭宣判。最高人民法院《关于全面推进以审判为中心的刑事诉讼制度改革的实施意见》亦提出，速裁案件应当庭宣判，简易程序案件一般应当庭宣判。各法院也在开始推行这一制度，最高人民法院第四巡回法庭为此专门制定了《当庭宣判规则》。① 当庭宣判可

---

① 赵春艳：《最高法第四巡回法庭成立一周年受案 2880 件》，载《民主与法制时报》2017 年 12 月 28 日。

以提高庭审质量,同时避免庭审后的干扰,但也对法官的庭审应对能力提出了挑战。这就需要做好审前的争点整理等,否则将造成庭审拖延,不能发挥简易速裁程序的优势。在当庭宣判的同时,应当庭出具简式裁判文书。简式裁判文书篇幅简短、说理简单、格式固定,可借助数据库的电子卷宗提前生成案件要素等信息,庭审结束后由法官完善裁判理由、判项,进而利用智能系统生成裁判文书。目前也有法院开始尝试分离式裁判,裁判的事实理由部分在当庭宣判时释明并计入笔录,裁判文书只载明裁判结果。① 从而方便当庭出具裁判文书并即时送达。

最后是社会公众监督的保障机制。美国联邦最高法院相关诉讼规则规定:判决书须在十分钟内上传至官网。庭审安排、庭审记录、判决意见、法庭指令与公报等也属于应当公开的内容。② 我国自推行裁判文书上网公开制度以来,已成为世界上最大的裁判文书公开平台,这源于我国人口基数大、受案数量多,但仍存在裁判文书公开不及时、不全面、公开率不高等问题。

我国法律明确规定,除法定情形外,案件应公开审理,所有案件应公开宣判,但这种公开仍然是整个司法过程的有限度公开,将裁判文书公布于网络才是真正的公开。普通裁判文书需庭审结束撰写完成后才可能上网,而可在实现当庭出具简式裁判文书或者快速出具简式裁判文书的情况下,无论是法理上还是技术上都不存在裁判文书不能即时公开、全面公开的理由。

同时为避免裁判文书过于简化,可通过试行公开庭审笔录的方式弥补裁判文书未写明的部分,从而让社会更好地监督司法。既然庭审公开进行,与之同步生成的庭审录音、录像以及庭审笔录均应属于公开的内容。目前,我国也实现了部分案件庭审直播、视频录像网络公开的目标。最高人民法院《关于通过互联网公开审判流程信息的规定》认为:庭审笔录、宣判笔录等,应当通过互联网向当事人及其代理人、辩护人公开,但是并未规定庭审笔录、宣判笔录可以通过互联网向社会公众公开,属于有限度的公开。目前我国仅在社会关注度高的刑事案件试行通过网络直播的方式公开部分庭审笔录,并未普遍地实现庭审笔录的网络公开、自由获取。就连当事人及代理人是否可以复印庭审笔录,在实践中也操作不一。在美国、英国、日本等国家庭审笔录和庭审录音均属于应当公开的内容。英国通过一系列判例和《民事诉讼规则》明确了判决

① 2019 年 3 月,苏州工业园区法院出台了《关于实施"分离式判决书"试点工作的规定》,对部分简易案件当庭出具裁判文书,案件事实、裁判理由则放入庭审笔录,载 http://www.js.xinhuanet.com/2019 - 05/21/c_ 1124523176.htm,最后访问日期:2019 年 7 月 20 日。
② 参见最高人民法院司改办:《裁判文书公开的域外经验》,载《人民法院报》2013 年 11 月22 日。

书、庭审笔录、调解协议等不同司法文书的公开程度和范围。① 这种情况下，庭审笔录等则可以弥补简式裁判文书的缺失部分，让社会公众知悉案情的全貌，并实现社会的监督，也有利于弥补简式裁判文书过于简化的缺憾，有助于当事人理解案件结果，实现息诉服判。

结　语

"某种意义上说，只要确立了法律文书的格式，就会在形式上对法官撰写产生一定强制性，这其中既包括对法律文书按照固定格式进行填充的部分，也包括对具体的事实和法律问题进行说理的部分，而后者是裁判文书中最为关键的部分。"② 裁判文书的形式还直接影响案件立案阶段的分流、庭审、宣判等环节，如果在立案、庭审等环节未考虑裁判文书的形式，那么将导致无法有效发挥简式裁判文书的功能，致其只剩下形式上的意义。

截至目前，仍有许多法院尚未出台简式裁判文书适用规定。这反映了各地法院对此事的谨慎，也折射出司法活动本身有其自身的规律。毕竟司法改革不得不考虑的问题是各地经济水平的差异导致同一标的额在不同地区适用不同的审判程序，而最为根本的问题是是否实现了提升司法效率和服判息诉的有效结合。

司法作为社会矛盾化解和公平正义的最后一道防线，起到定分止争的作用。审判程序和裁判文书是司法符号化的表达，裁判文书的改革应遵循文书的规律，更应遵循司法规律。终究正义不只是个案的正义，当然也不应只是普通案件的正义，人民群众对正义的诉求和司法仪式权威的感知是从一次完整的诉讼过程中获得的。法官一年办理数百件案件，其中的一件却可能成为当事人一生仅有的一次诉讼。故，公平正义既要考虑整个司法程序，也要照顾人民对个案的需求。因此，需要注意的是不能以牺牲简易案件的正义性来换取复杂案件的正义。裁判文书繁简分流的目标在于简案和繁案均以合理的效率获取朴素的正义，简化的同时不宜损害司法和裁判文书本身的公正性和权威性。

（责任编辑　徐　文）

---

① 参见王涛：《英国普通法中的司法公开制度》，载《法律适用》2015 年第 1 期。
② 李敏：《争点归纳是裁判说理的关键——访中国政法大学教授、博士生导师王涌》，载《中国审判》2015 年第 19 期。

论破产程序中所有权保留出卖人的取回权

李征宇*

摘　要: 所有权保留买卖合同一方当事人进入破产程序后,因保留买卖合同尚待履行,管理人对合同履行与否具有选择权。但考虑到对买受人期待权的保护及破产风险的可预见性等因素,应否定在出卖人破产时管理人的解除权。出卖人行使取回权时,根据合同解除与否应严格区分"所有权保留取回权"与破产取回权,前者系以所有权保留合同条款为基础,后者则为返还原物请求权在破产程序中的具体应用,两者行使规则亦不通用。在取回后,应排除多余的"担保拟制"与"共益债务拟制",用债权方法解决后续清算问题。

关键词: 所有权保留　取回权　别除权　选择权

　　所有权保留,是指"在买卖合同中,买受人虽先占有使用标的物,但在全部价款支付以前,出卖人对于标的物仍然保留所有权"。[①] 对所有权保留的争论多集中于非破产领域,破产领域内鲜有集中讨论。破产法学者大多仅仅分析所有权保留,出卖人之取回权的性质及权源,却忽视了所有权保留合同"待履行"的状态,即忽视了"管理人选择权"作为一切取回权行使的前提;亦无学者对所有权保留,出卖人在不同合同状态下的取回权之性质加以区分;对于取回后的衡平与救济这一涉及重大利益的命题,学界亦鲜有论及。

　　兹有如下具体问题:其一,破产领域内的所有权保留出卖人取回权是否应分类,其权利基础与行使原理是否统一;其二,破产管理人是否可以不受限地解除所有权保留买卖合同,进而取回标的物;其三,所有权保留具有担保性质,而出卖人在买受人破产的场合为何拥有取回权而非别除权,取回权与别除权的权源与经济实效有何差异;其四,非破产场合中买受人在标的物被取回后

---

　　* 李征宇,中国政法大学硕士研究生。
　　① 王利明:《合同法分则研究》(上卷),中国人民大学出版社2012年版,第108页。

享有回赎权，在破产法语境下，买受人还应否具有此权利；其五，买受人破产的场合，出卖人申报债权主张全部货款是否视为放弃取回权；其六，取回后是否应进行清算，不同类取回权的后续清算如何具体操作；等等。争议之问题不胜枚举。

为方便表述，下文将"所有权保留出卖人"简称为"出卖人"，"所有权保留买受人"简称为"买受人"。

一、破产程序中出卖人取回权的概念厘清及立法架构

取回权，应放置在一般私法语境下加以定义，而不局限于破产法领域。在非破产的其他领域也常出现"取回"的概念，如出租人解除租赁合同后从承租人处取回租赁物，其可看作物的返还请求权的代称。而在破产程序中，"破产取回权是民法上物的返还请求权在破产法中的体现与延伸，并不是破产法中新创设的权利，从目的上讲是对实体法上的权利的承认与维护"[①]。

而本文所指的出卖人独有的取回权则与一般意义的取回权不同，指"在所有权保留买卖中，在买受人有特定的违约行为，致损害出卖人合法权益时，出卖人依法享有的自买受人处取回标的物的权利"[②]，依据为最高人民法院《关于审理买卖合同纠纷案件适用法律问题的解释》（以下简称《买卖合同解释》）第 35 条。[③] 依据我国通说，"所有权保留取回权"与合同解除并无必然联系。[④] 故买受人特定违约时，出卖人可解除合同，使相对人丧失占有基础而行使一般意义的取回权；也可不解除合同，径行依据《买卖合同解释》第 35 条行使"所有权保留取回权"取回标的物。前者以物权为基础，后者则以所有权保留合同条款为基础。

至于破产法领域内对"取回权"的规制，最高人民法院《关于适用〈中华人民共和国企业破产法〉若干问题的规定（二）》（以下简称《破产法解释二》）第 35—38 条皆规定了破产程序中此类出卖人的取回权，然其性质迥异。第 35 条、第 37 条规定的取回权为管理人决定继续履行合同，然而买受人未依

---

① 罗培新主编：《破产法》，格致出版社 2008 年版，第 189 页。

② 龙著华：《论所有权保留买卖中出卖人的取回权》，载《法商研究》2000 年第 4 期。

③ 《买卖合同解释》第 35 条规定："当事人约定所有权保留，在标的物所有权转移前，买受人有下列情形之一，对出卖人造成损害，出卖人主张取回标的物的，人民法院应予支持：（一）未按约定支付价款的；（二）未按约定完成特定条件的；（三）将标的物出卖、出质或者作出其他不当处分的。"

④ 参见王轶：《所有权保留制度研究》，载梁慧星主编：《民商法论丛》（第 6 卷），法律出版社 1997 年版，第 645 页。

约付款或未履行其他义务或不当处分标的物而产生的取回权，应视为《买卖合同解释》第 35 条的重申性规定，为"所有权保留取回权"。而《破产法解释二》第 36 条、第 38 条规定的取回权为管理人决定解除合同而直接产生的取回权，其权利基础为《企业破产法》第 38 条[①]，为一般意义上的取回权在破产中的具体应用，为"破产取回权"。[②] 由此可见，两种取回权的前提不尽相同，在先分析管理人对于所有权保留买卖合同履行与否的选择权尤为重要。

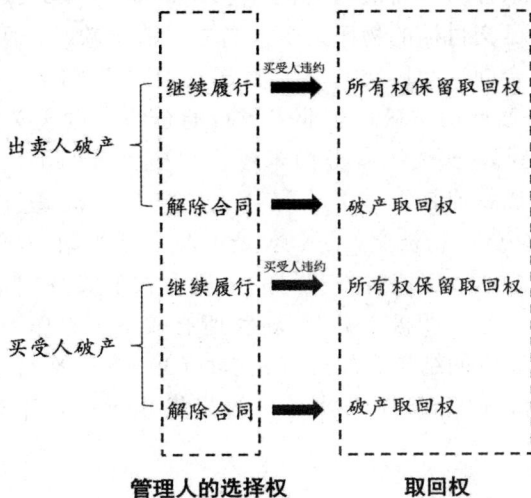

图 1　破产程序中所有权保留出卖人取回权的立法架构

二、取回的前提：管理人的选择权

（一）管理人对所有权保留买卖合同履行与否有无选择权

"管理人选择权"源于英美法系，意指管理人对尚待履行合同享有的选择

---

① 《企业破产法》第 38 条："人民法院受理破产申请后，债务人占有的不属于债务人的财产，该财产的权利人可以通过管理人取回。但是，本法另有规定的除外。"

② 实践中常有法院混淆两类取回权，如江苏省泰州市中级人民法院（2016）苏 12 民终 2740 号。法院认为："企业破产法司法解释（二）第三十七条、三十八条中明确规定了出卖人取回权，是指当事人在买卖合同中约定所有权保留，在标的物所有权转移前，买受人未按约定支付价款或完成特定条件，或将标的物出卖、出质或者作出其他不当处分，对出卖人造成损害的，出卖人有权主张取回买卖标的物。由此可见，出卖人取回权是合同法上的权利在破产程序中的行使。"其认为《破产法解释（二）》第 37 条、第 38 条皆为"所有权保留取回权"。

继续履行或解除的权利，其系出于对"破产财团最大化"的考量。① 举例而言，在买卖合同中，"若市价下跌，卖方管理人将继续履行合同（迫使合同相对方以高于市价的价格买受）；若市价上涨，则拒绝履行合同（以高于合同价格的市场价格卖给其他买家）"②。管理人选择权的行使将直接决定出卖人取回权的性质，故十分有必要在先讨论"管理人是否享有对所有权保留买卖合同履行与否的选择权"问题。

管理人选择权系针对"待履行合同"（Executory Contracts）的权利，故需首先判断在出卖人已交付标的物而买受人尚未付清价款时，所有权保留买卖合同是否属于待履行合同。我国立法将"待履行合同"定义为"双方均未履行完毕的合同"，③ 一改此前"破产企业未履行的合同"的定义，④ 与德国⑤、日本⑥及美国通说⑦趋同。买受人义务尚未履行完毕十分明了，然而出卖人在交付标的物后、条件成就前是否"尚未履行完毕义务"极富争议，兹有如下学说：（1）依德国通说，"物被交付了，但所有权移转被附加了延缓条件，所以保留卖主没有履行，他负有使对方获得完全所有权的义务"⑧；（2）依日本通说，出卖人已履行所有"积极义务"，转移所有权不可看作为合同义务，而只是条件达成时自动完成的结果，故履行完毕；（3）王泽鉴先生认为，"出卖人虽已完成给付行为，但于条件成就给付效果发生前，仍不得认为已履行完

---

① See Vern Countryman：*Executory Contracts in Bankruptcy*（Part 1），in *Minnesota Law Review*，1973，p. 450. 美国法中为管理人"拒绝履行"或"拒绝承继"（Reject），我国则为"解除合同"。

② Elizabeth Warren，Jay Lawrence Westbrook：*The law of debtors and creditors*，Boston Little Brown and Company，1986，p. 492.

③ 《企业破产法》第 18 条第 1 款规定："人民法院受理破产申请后，管理人对破产申请受理前成立而债务人和对方当事人均未履行完毕的合同有权决定解除或者继续履行，并通知对方当事人。管理人自破产申请受理之日起二个月内未通知对方当事人，或者自收到对方当事人催告之日起三十日内未答复的，视为解除合同。"

④ 《企业破产法（试行）》第 26 条第 1 款规定："对破产企业未履行的合同，清算组可以决定解除或者继续履行。"

⑤ 《德国支付不能法》第 103 条第 1 款规定："双务合同在破产程序开始时尚未为债务人和对方当事人履行或未完全履行的，破产管理人可以取代债务人履行合同并要求对方当事人履行。"

⑥ 《日本破产法》第 53 条规定："关于双务合同，破产人及其合同的对方在破产程序开始之时均未履行完毕的，破产财产管理人可以解除合同或者履行破产人的债务从而请求合同的对方履行债务。"

⑦ 参见〔美〕大卫·G. 爱泼斯坦等：《美国破产法》，韩长印等译，中国政法大学出版社 2003 年版，第 232 页。

⑧ 〔德〕鲍尔·施蒂尔纳：《德国物权法》（下册），申卫星、王洪亮译，法律出版社 2006 年版，第 677 页。

毕"①；（4）买受人已获得了"附停止条件的所有权"，故履行完毕。② 究其学说差异之原因，皆因对"履行完毕"的不同理解，究竟是以完成"给付行为"还是"给付结果"为准。前者从债务人主观角度出发，系指债务人完成了所有给付义务；后者则从债权人客观角度出发，系指债权人获得了所有债之给付。前两种学说为"给付行为说"，后两种学说为"给付结果说"，而因其学说内部对"行为"及"结果"的解释不同，内部结论截然相反。

笔者认为，无论采"给付行为说"还是"给付结果说"，所有权保留买卖合同皆未履行完毕：（1）若依"给付行为说"，因条件未成就，买受人尚无要求转移标的物所有权的请求权，故"出卖人此时进行的交付动产标的物的行为，并非是在履行其在买卖合同中所负担的主合同义务"，"出卖人所进行的动产标的物的交付行为，仅是服务于买受人对于标的物的提前享用而已"③，《合同法》第135条区分"交付义务"与"转移所有权义务"的表述亦为其提供了制定法支撑。④ 买受人付清价款后，可认为标的物已简易交付至买受人，出卖人义务方随之完成。（2）若依"给付结果说"，所有权保留条款不可改变买卖合同的性质，须出卖的标的物的所有权完全转移于买受人才可认定为履行完毕，买受人取得"附停止条件的"所有权不可被视为所有债之给付已完成。因此，无论依何学说，此时所有权保留买卖合同待履行，管理人对其履行与否具有选择权。

（二）出卖人破产场合，管理人选择权是否应受限

我国最高人民法院《关于适用〈中华人民共和国企业破产法〉若干问题的规定（二）》（以下简称《破产法解释（二）》）第34条⑤规定管理人对所有权保留买卖合同履行与否具有选择权，而未施加任何限制，实值讨论。在出卖人破产的场合，若管理人行使选择权解除合同而取回标的物，则买受人旨在获得标的物所有权的期待权消灭，已付价款的返还更难以保障，故如何限制此情形下的管理人选择权或对买受人给予救济至关重要，兹有以下途径：（1）对

---

① 王泽鉴：《民法学说与判例研究》（第七册），北京大学出版社 2009 年版，第 248 页。

② 参见曲宗洪：《债权与物权的契合：比较法视野中的所有权保留》，法律出版社 2010 年版，第 469 页。

③ 王轶：《论所有权保留的法律构成》，载《当代法学》2010 年第 2 期。

④ 《合同法》第 135 条规定："出卖人应当履行向买受人交付标的物或者交付提取标的物的单证，并转移标的物所有权的义务。"其将"交付标的物"与"转移标的物所有权"并列列举。

⑤ 《破产法解释（二）》第 34 条规定："买卖合同双方当事人在合同中约定标的物所有权保留，在标的物所有权未依法转移给买受人前，一方当事人破产的，该买卖合同属于双方均未履行完毕的合同，管理人有权依据企业破产法第十八条的规定决定解除或者继续履行合同。"

管理人选择权不加限制，但将买受人已付价款作为共益债务清偿，此举可在一定程度上保护买受人，已为我国立法所采纳；① （2）对管理人选择权不加限制，但是"买受人为担保其已经支付的价款不致落空，就出卖人转移占有的物有担保物权"②，该担保物权的性质为留置权，故管理人不可径行取回；（3）管理人选择权应受诚信原则制约，"如买受人已支付大部分价款，则不得拒绝履行而取回标的物"③；（4）管理人无解除权，买受人期待权不受影响，可在支付完成之时取得标的物所有权，④ 此观点为德国立法所采纳。⑤

笔者认为，应采"无解除权说"（也称"无选择权"，因为管理人只可继续履行合同，便无从谈起"选择"）。其一，若管理人可以单方解除合同，则买受人期待权被侵犯过甚，正如德国 Raiser 教授所言"其可依一方之意思表示毁灭买受人之期待权"⑥，美国相关法律亦规定管理人拒绝承继不可单方剥夺相对人的财产性权利。⑦ 其二，破产风险应具有可预见性，在买受人破产场合，因出卖人在订立买卖合同之时应审查买受人支付能力，故若买受人破产，出卖人承担破产风险产生的不利后果可谓合理。但在出卖人破产场合，出卖人交付标的物在前，买受人付清价款在后且已占有标的物，自然不会也不必要审查出卖人的"支付能力"，故从交易常态而言，不应由买受人承担破产的不利后果。其三，支持"有选择权说"的学者往往从"破产财团最大化原则"出发，肯定管理人的无条件选择权，如标的物价值猛增，管理人必会为破产财团利益考虑而选择解除合同取回标的物。然而破产清算"最理想状态是在实现

---

① 《破产法解释（二）》第 36 条第 1 款规定："出卖人破产，其管理人决定解除所有权保留买卖合同，并依据企业破产法第十七条的规定要求买受人向其交付买卖标的物的，人民法院应予支持。"第 3 款规定："买受人依法履行合同义务并依据本条第一款将买卖标的物交付出卖人管理人后，买受人已支付价款损失形成的债权作为共益债务清偿。但是，买受人违反合同约定，出卖人管理人主张上述债权作为普通破产债权清偿的，人民法院应予支持。"

② 李永军：《破产法：理论与规范研究》，中国政法大学出版社 2014 年版，第 245 页。

③ 陈倩：《论德国法上的所有权保留与期待权》，载何勤华主编：《外国法与比较法研究》（第 1 卷），商务印书馆 2006 年版，第 273 页。

④ 参见 [德] 曼弗雷德·沃尔夫：《物权法》，吴越、李大雪译，法律出版社 2002 年版，第 363 页。

⑤ 《德国支付不能法》第 107 条第 1 款规定："债务人在破产程序开始前以所有权保留方式出卖一项动产并向买受人转移对该动产的占有的，买受人可以要求履行买卖合同。债务人对买受人还负有其他义务且此种尚未得到或尚未完全得到履行的，也适用本规定。"

⑥ 王睿：《期待权类型化研究》，哈尔滨工业大学出版社 2018 年版，第 110 页。

⑦ 例如，United States Bankruptcy Code § 365（h）（1）（A）（ii）规定，出租人破产，承租人可以继续占有承租的不动产；再如，§ 365（i）（2）（A），不动产出卖人破产，若已交付但未登记，买受人有权主张继续占有，在买受人支付价金后管理人应如约将房屋过户给买受人。其皆反应管理人不可单方剥夺相对人"财产性权利"。

秩序和公正的基础上再实现效率，即财富最大化"①，买受人在无预见性可言的前提下，破产财团最大化原则不可适用。其四，所有权保留条款旨在确保价金债权的完全实现，"允许买受人在履行全部付款义务的前提下取得所有权，并不违背所有权保留制度的本意，这也是破产法上尊重非破产法规范原则的体现"②。其五，管理人解除合同、取回标的物，再将其变价分配与债权人，成本过高，而买受人已占有标的物，其付清价款后获得所有权，既节约成本又能实现物尽其用。其六，否定管理人的解除权及取回权，只是否定"破产取回权"，而非"所有权保留取回权"，如买受人特定违约，出卖人管理人依然可依《买卖合同解释》第 35 条取回标的物，对其的保护已然足够。

只对出卖人管理人的选择权加以限制而不完全废除将产生诸多问题，上述"共益债务说""留置权说""诚信原则说"各有弊端。第一，"共益债务说"：管理人解除合同后，出卖人继续占有已付价款产生不当得利，时间点发生在破产申请受理之后，故该债务符合《企业破产法》第 42 条关于共益债务的定义，已付价款的返还的确得到了一定的保障。但买受人因合同解除亦拥有损害赔偿请求权，该请求权因不符合前述共益债务的定义，只可作为普通破产债权，故总体而言对买受人的保护难谓万全。③ 第二，"留置权说"：留置权说虽可一定程度上保证买受人已付价款的返还，但由于必须对标的物拍卖变卖，买受人如欲取得标的物，只可在事后拍卖中取得，因出卖人破产而改变原有权利格局实为不妥。且若标的物大幅贬值以致不能作价足额清偿已付价款债权，买受人未被清偿的债权只可作为普通破产债权，对买受人大为不利。第三，"诚信原则说"：买受人已支付大量价款才可阻却出卖人管理人解除合同，对买受人过于苛刻。故"无解除权说"最为合理。

综上，在买受人破产的场合，管理人享有选择权，出卖人在管理人解除合同后可行使"破产取回权"，在管理人选择继续履行合同却特定违约时可行使"所有权保留取回权"；在出卖人破产的场合，管理人无解除权，只享有"所有权保留取回权"。

---

① 丁文联：《破产程序中的政策目标与利益平衡》，法律出版社 2008 年版，第 70 页。

② 许德风：《论破产中尚未履行完毕的合同》，载《法学家》2009 年第 6 期。

③ 陈本寒、陈超然：《破产管理人合同解除权限制问题研究》，载《烟台大学学报（哲学社会科学版）》2018 年第 3 期。

三、所有权保留下出卖人取回权的行使

出卖人或买受人破产场合，若合同继续履行但买受人特定违约，出卖人享有"所有权保留取回权"，此为《买卖合同解释》第 35 条关于破产领域的重申性规定。

所有权保留的买卖合同下出卖人行使取回权的法定原因为：（1）未依约付款或未履行完毕其他义务；（2）将标的物出卖、出质等不当处分。[①] 前者旨在给予买受人心理压迫以期获得债权的完全实现，后者则意在防止买受人侵害出卖人对标的物的所有权。值得讨论的是，当买受人出现破产原因时，出卖人可否以此为由不待买受人进入破产程序即取回标的物？持肯定意见的学者认为"买方既然具有了破产原因，价款债权已经不能期望通过正常履行获得清偿，符合行使取回权的条件"[②]。若等待破产程序开始，出卖人虽依然能通过"所有权保留取回权"、破产取回权保障债权，但毕竟破产保护并不周全，故应允许出卖人取回以及时止损。笔者持相反意见：其一，类比担保物权，即便债务人出现了破产原因，担保物权人亦无权以此为由提前实现担保物权，只有待债务人进入破产程序后才可统一行使，未获清偿的部分债权也只可作为普通破产债权得到清偿。其二，如果买受人并未出现任何实质违约即允许出卖人取回，若标的物对于买受人生产作业极为重要，将大不利于买受人恢复清偿能力。其三，取回后，买受人若想获得标的物所有权，只能限期回赎，势必将失去期限利益，以此将加速买受人破产。其四，"出现破产原因"难以被认定为《合同法》第 108 条的默示毁约情形。因此，"未依约履行"应指实质的未支付，而非潜在的未支付，故出卖人不可以买受人出现破产原因为由提前取回标的物以规避破产程序。

企业破产法亦规定了所有权保留的买卖合同下，出卖人行使取回权的消极要件，即（1）买受人已支付总价 75% 以上；（2）第三人善意取得标的物所有权或其他物权。出卖人因此无法取回时，应有相应救济：在出卖人破产场合，其管理人可请求买受人继续付款及相应赔偿；买受人破产场合，出卖人亦可为相同主张，因该债务属于《企业破产法》第 42 条规定的"履行双方均未履行完毕的合同所产生的债务"，故应作为共益债务随时清偿，我国立法亦作

---

① 参见《破产法解释二》第 35 条第 2 款、第 37 条第 2 款。

② 参见曲宗洪：《债权与物权的契合：比较法视野中的所有权保留》，法律出版社 2010 年版，第 298 页。

相同规定。① 问题在于，在买受人已支付总价 75% 以上时，出卖人取回权的行使被阻却，若买受人破产，标的物可否归入破产财产？笔者认为，此时"买受人所享有的权利本质上仍为债权而非物权"②，在买受人支付全部价款前，出卖人依旧保有所有权。否定"出卖人行使取回权"并非否定出卖人的所有权。在合同被解除时，出卖人依其所有权依旧享有破产取回权，故标的物不可当然地归入破产财产。

值得一提的是，买受人特定违约时，出卖人并非只有行使取回权一种救济方式。若买受人的行为已构成根本违约，出卖人可单方解除合同后行使取回权取回标的物，此种取回权为一般意义上的取回权，即为返还原物请求权。在买受人破产的情境下，此种取回权应准用下文中破产取回权的相关规定。

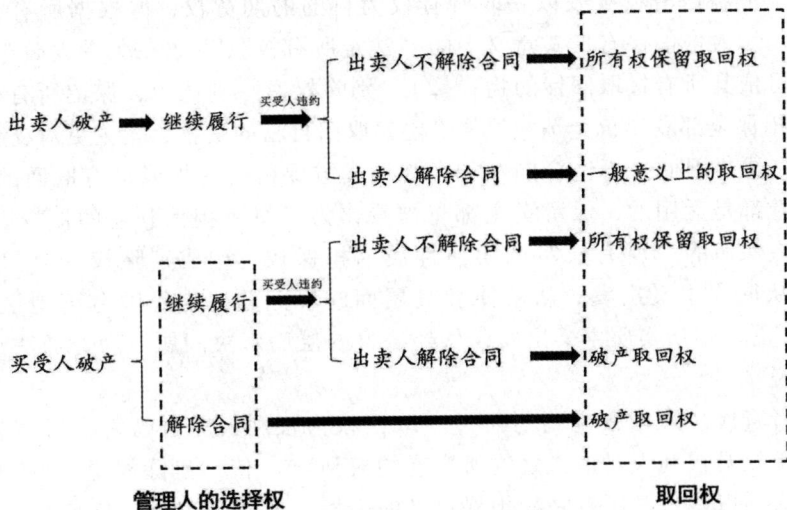

图 2　应然的取回权立法框架

---

① 《破产法解释二》第 37 条第 3 款规定："因本条第二款规定未能取回标的物，出卖人依法主张买受人继续支付价款、履行完毕其他义务，以及承担相应赔偿责任的，人民法院应予支持。对因买受人未支付价款或者未履行完毕其他义务，以及买受人管理人将标的物出卖、出质或者作出其他不当处分导致出卖人损害产生的债务，出卖人主张作为共益债务清偿的，人民法院应予支持。"

② 王利明：《所有权保留制度若干问题探讨——兼评〈买卖合同司法解释〉相关规定》，载《法学评论》2014 年第 1 期。

四、出卖人破产取回权的行使

（一）破产取回权与别除权的差异

1. 破产取回权与别除权法理层面的差异

上文已述，只有在买受人破产的场合，管理人才享有选择权。若管理人选择解除合同，出卖人可行使破产取回权，但亦有论者认为此时出卖人拥有的是别除权而非取回权。究其差异的原因，皆是对出卖人所保留的"所有权"性质的不同理解：（1）"取回权说"认为买受人虽获得了对标的物占有、使用、收益的"实益所有权"及以获取所有权为目的的期待权，但根据所有权保留条款，出卖人依旧保有形式意义上的"法定所有权"，① 故在买受人破产之时，买受人可依其所有权取回标的物；（2）"别除权说"则认为，保留所有权的目的为"担保全部获得价金债权"，② "比起取回自己的货物，卖主更对支付价款感兴趣"，③ "因此，不论合同中如何强调卖方保留所有权或享有取回的权利，这些条款都是无用的，保留卖主都将被看作为'享有担保利益的债权人'"④。故出卖人保留的"所有权"的实质性质为担保权，构成别除权。⑤ "取回权说"系从形式主义出发，从法律教义层面解释问题，为我国台湾地区通说；"别除权说"则从实质主义出发，从经济目的层面解决问题，为普通法法域及日本通说。

笔者赞成"取回权说"：其一，"取回权为权利人对自己之物所享有的权利，别除权乃权利人对他人之物所享有的权利"⑥。依"别除权说"，所有权保留出卖人系以其自己所有之物担保自己的债权，似不合逻辑。究其原因，"别除权说"极大程度上吸收了美国法"担保物所有权的归属无关紧要"（Title to

---

① 参见林咏荣：《动产担保交易新诠》，三民书局 1993 年版，第 84 页。

② 孙宪忠：《德国当代物权法》，法律出版社 1997 年版，第 345 页。

③ J. R. Gudgeon：*Retention of Title*，in *Solicitors Journal*，1993，p. 305.

④ Morris G. Shanker：*The General Secured Transactions Law Under Article 9 of the American Uniform Commercial Code and the British Crowther Report*（*Part 5*），in *Security over Corporeal Moveable*，A. W. Sijthoff，1974，p. 54. 类似地，在 *In re Booth*，19 *B. R.* 53 案中，法院将附有保留条款的地契合同视作为附有担保权的销售合同，并排除了管理人的选择权。

⑤ 参见 ［日］谷口安平：《日本倒产法概述》，佐藤孝弘、田言译，中国政法大学出版社 2017 年版，第 130 页。

⑥ 邹海林、周新泽：《破产法学的新发现》，中国社会科学出版社 2013 年版，第 180—181 页。

Collateral Immaterial)[1] 的精神，只关注担保利益而非所有权权属。但在大陆法立法体系中安插"一元化的担保体系"将重塑自物权与他物权的划分并将否认物权法定原则，牵一发而动全身，实应慎行。其二，在民事执行领域，对执行标的物享有抵押权的案外人不可提起执行异议以排除强制执行，[2] 相反，所有权保留出卖人则可在标的物遭执行时提起执行异议，[3] 出卖人的形式所有权得到了肯定，依据破产法尊重非破产规范原则，亦当一以贯之。其三，所有权保留无须强制清算，更欠缺公示，与担保物权大不一样。故可以肯定所有权保留的类似担保性，但不应肯定出卖人的别除权。

"别除权说"支持者亦会类比让与担保制度以反驳"取回权说"：同为非典型担保，让与担保权人同样拥有形式意义的所有权，通说却认为让与担保制度应采实质主义而非形式主义，让与担保权人拥有别除权而非取回权，[4] 而所有权保留与让与担保法理内涵相似，区别对待似无道理。笔者以为不然：其一，让与担保系以债务人财产担保，所有权保留则以债权人财产担保，前者更符合传统担保结构；其二，让与担保具有公示手段，标的物已交付或过户，与传统担保类似，所有权保留则欠缺公示，正与破产取回权相似（如出租人从债务人手中取回租赁物，出租人同样未占有标的物、缺乏公示）。总之，让与担保的担保性质相较于所有权保留更为强烈，德国相关法律对此区别对待也加以了肯定。[5]

德国相关法律亦对所有权保留的不同类型加以了区分，"取回权说"仅适用于"简单的所有权保留"，而担保性质更强烈的"延长型所有权保留"[6]（Extended Retention of Title）及"扩大型所有权保留"[7]（Enlarged Retention of

---

① See Uniform Commercial Code § 9 - 202.

② 参见吉林省高级人民法院《关于审理执行异议之诉案件若干疑难问题的解答》，相同观点参见江苏省高级人民法院《执行异议之诉案件审理指南》第 25 条。

③ 汤维建、陈爱飞：《"足以排除强制执行民事权益"的类型化分析》，载《苏州大学学报（哲学社会科学版）》2018 年第 2 期。

④ 参见［日］石川明：《日本破产法》，何勤华、周桂秋译，中国法制出版社 2000 年版，第 74 页；相同观点参见［日］近江幸治：《担保物权法》，祝娅、王卫军、房兆融译，法律出版社 2000 年版，第 251 页；冉克平：《破产程序中让与担保权人的权利实现路径》，载《东方法学》2018 年第 2 期。实践中的相同观点参见最高人民法院中国应用法学研究所编：《人民法院案例选》，人民法院出版社 2001 年版，第 185 页。

⑤ 《德国支付不能法》第 51 条："【其他别除权人】下列人员视同本法第 50 条所称的债权人：（1）债务人为担保一项请求权而向其转让一项动产的所有权或向其转让一项权利的债权人……"

⑥ 所谓延长型所有权保留，即所有权保留出卖人允许买受人继续转让，但同时约定因再次转让而获得的债权事先转让给出卖人。

⑦ 所谓扩大型所有权保留，即被保留的标的物需担保出卖人对买受人的所有债权。

Title）则适用"别除权说"。因为，此时"人们关心的不是物的取回"，"别除权确实是一种正确的法律救济措施"①。笔者赞成这一观点。

2. 破产取回权与别除权经济层面的差异

取回权与别除权在经济层面同样存在差异，对其进行利益权衡极具意义。"标的物价值未变化时，出卖人是享有取回权还是别除权，从经济层面而言没有实质性区别"②。所有权保留买卖经常历时甚久，标的物价值保持不变极少发生，且此情形并未涉及不足额担保及标的物价值变化风险承担问题，故讨论标的物价值变化情形才具实际意义。

依"取回权说"，出卖人握有标的物所有权，故由出卖人承受标的物价值变化后果。依"别除权说"，出卖人只是优先受偿其价款债权，价值波动后果由买受人承担（如标的物增值，增值利益将归入买受人破产财团）。有学者认为，"当事人之间的关系实为买卖，买卖中因标的物的市场波动而引起的受益或受损应是由买受人承受"③，故"别除权说"更为合理。然而由买受人承受价值变化后果只发生于正常履行情形中，而取回权的前提为买受人管理人解除合同，双方权利状态应恢复原状，出卖人作为所有权人承担价值波动后果自在情理之中。④

进而笔者认为，从破产财团最大化角度，无论标的物增值或贬值，行使取回权均更为有利：依"取回权说"，若标的物增值，增值收益应归所有权人，即出卖人，但买受人同样有途径获得增值利益：买受人管理人可选择继续履行合同以获得标的物所有权；若标的物贬值，管理人自会选择解除合同，出卖人将承担贬值损失，而非破产财团。

此外，若标的物于买受人恢复清偿能力而言极为重要，则对买受人来说，继续占有标的物并进一步获取其所有权将是迫切需求。依"取回权说"，管理人可继续履行合同以获得标的物所有权；但依"别除权说"，则不存在"待履行合同"问题。故管理人无选择权，其如欲取得标的物所有权，至多只能通过类推适用《企业破产法》第 37 条第 1 款，⑤ 及时清偿债务或提供担保而得

---

① 〔德〕鲍尔·施蒂尔纳：《德国物权法》（下册），申卫星、王洪亮译，法律出版社 2006 年版，第 684 页。

② 叶宝强：《担保法原理》，科学出版社 2002 年版，第 294 页。

③ 叶宝强：《担保法原理》，科学出版社 2002 年版，第 294 页。

④ 参见曲宗洪：《债权与物权的契合：比较法视野中的所有权保留》，法律出版社 2010 年版，第 489 页。

⑤ 《企业破产法》第 37 条第 1 款规定："人民法院受理破产申请后，管理人可以通过清偿债务或者提供为债权人接受的担保，取回质物、留置物。"

之，而显然此种情形留给债务人清偿债务的期限远短于"取回权说"中继续履行合同的情形，于破产财团不利。

故而从经济层面解释让与担保和所有权保留区别对待的问题：让与担保标的物通常为机器设备，若允许取回，"很可能让企业丧失继续经营或整体出让的可能性"①，而让与担保权人通常为银行等贷款机构，不具备处理标的物的专业技能；相反，在所有权保留场合，出卖人则具备相应技能，不会产生上述问题。故肯定出卖人拥有取回权而非别除权更为合理。

（二）破产取回权是否应沿用"所有权保留下出卖人取回权"的相关规定

出卖人的破产取回权是否应类推适用"所有权保留下出卖人取回权"的相关规定极富争议。具体而言，出卖人在依据《破产法解释二》第 38 条行使破产取回权时：其一，是否应适用《买卖合同解释》第 36 条，② 在买受人已支付总价款 75% 以上时，出卖人不可取回；其二，在出卖人取回后，买受人可否依据《买卖合同解释》第 37 条③拥有回赎权。

对于第一个问题："否定说"认为，若买受人已支付 75% 以上价款即可阻却出卖人取回，那么未支付价款只可作为破产债权清偿，对出卖人保护不力，故不得类推适用该条款；④ "肯定说"认为，"在买受人已支付大部分价款的情况下，出卖人行使取回权属于权利滥用，违反了诚信原则"⑤，故应当适用该条款。笔者赞成"否定说"，其一，从出卖人角度看，《买卖合同解释》第 36 条规定"所有权保留下出卖人取回权"的阻却事由，系在非破产情形下的考量，此时即便无法取回，最终亦会得到足额清偿。在破产情形下，《破产法解释二》第 37 条第 2 款⑥为合同继续履行情形下的"出卖人取回权"，同样规定

---

① 许德风：《破产法论：解释与功能比较的视角》，北京大学出版社 2015 年版，第 221 页。

② 《买卖合同解释》第 36 条第 1 款规定："买受人已经支付标的物总价款的百分之七十五以上，出卖人主张取回标的物的，人民法院不予支持。"

③ 《买卖合同解释》第 37 条第 1 款规定："出卖人取回标的物后，买受人在双方约定的或者出卖人指定的回赎期间内，消除出卖人取回标的物的事由，主张回赎标的物的，人民法院应予支持。"

④ 参见李永军：《所有权保留制度的比较法研究——我国立法、司法解释和学理上的所有权保留评述》，载《法学论坛》2013 年第 6 期。

⑤ 关涛：《保留所有权的动产买卖中出卖人的取回权问题》，载《山东社会科学》2015 年第 5 期。

⑥ 《破产法解释二》第 37 条第 2 款规定："买受人管理人无正当理由未及时支付价款或者履行完毕其他义务，或者将标的物出卖、出质或者作出其他不当处分，给出卖人造成损害，出卖人依据合同法第一百三十四条等规定主张取回标的物的，人民法院应予支持。但是，买受人已支付标的物总价款百分之七十五以上或者第三人善意取得标的物所有权或者其他物权的除外。"

了此阻却事由，但第 3 款①规定未支付价款作为共益债务清偿，对出卖人保护已然足够。而《破产法解释二》第 38 条规定的"破产取回权"，因合同并未继续履行，未支付价款不符合《企业破产法》第 42 条对"共益债务"的定义，故只得作为破产债权清偿，对出卖人保护不力。其二，从买受人角度看，此阻却事由的设计初衷为，防止买受人在支付大部分价款、对获得标的物所有权产生合理信赖的情形下，因轻微违约而丧失标的物，系诚信原则及防止权利滥用原则的具体体现。② 但在买受人破产场合，买受人、管理人拥有选择权，有足够时间选择继续履行以获得标的物所有权或解除合同以允许出卖人取回，主动权在买受人一方，不可谓出卖人权利滥用。其三，"肯定说"支持者转引王泽鉴先生观点，认定此情形下出卖人的取回系权利滥用，实为误读。王泽鉴先生是在出卖人破产的场合认定取回应受限，而非买受人破产的场合，③ 具体差异上文已述。

对于第二个问题："买受人的回赎权是指所有权保留买卖中，出卖人依法取回标的物后，在法定或出卖人指定的回赎期内，买受人履行支付价款等义务后，重新占有标的物的权利。"④ 笔者认为买受人于破产场合无回赎权：首先，回赎权实质上为取回标的物后给予买受人恢复合同履行的缓冲，但在买受人破产场合，出卖人行使破产取回权的前提为买受人、管理人解除合同，买方已确定地不愿继续履行合同，再给予其回赎权实无必要。其次，回赎权建立在合同尚未解除的基础之上，"只有买受人不行使回赎权，才会导致合同的解除"⑤，而"破产取回权"的前提为合同解除，故无从谈起因回赎而恢复履行合同义务。因此，不应肯定破产取回权场合买受人的回赎权，若当事人约定回赎，则视为订立新的合同。

（三）债权申报与破产取回权行使的冲突

债权申报与破产取回权的行使可能产生诸多冲突。在买受人破产的场合，

---

① 《破产法解释二》第 37 条第 3 款规定："因本条第二款规定未能取回标的物，出卖人依法主张买受人继续支付价款、履行完毕其他义务，以及承担相应赔偿责任的，人民法院应予支持。对因买受人未支付价款或者未履行完毕其他义务，以及买受人管理人将标的物出卖、出质或者作出其他不当处分导致出卖人损害产生的债务，出卖人主张作为共益债务清偿的，人民法院应予支持。"

② 参见奚晓明主编：《最高人民法院关于买卖合同司法解释理解与适用》，人民法院出版社 2012 年版，第 552 页。

③ 参见王泽鉴：《民法学说与判例研究》（第七册），北京大学出版社 2009 年版，第 252 页。

④ 柴振国、史新章：《所有权保留若干问题研究》，载《中国法学》2003 年第 4 期。

⑤ 王利明：《所有权保留制度若干问题探讨——兼评〈买卖合同司法解释〉相关规定》，载《法学评论》2014 年第 1 期。

一般情形为：先由管理人行使选择权，若其选择解除合同则出卖人可行使取回权，抑或出卖人放弃取回权而以普通债权人身份申报未付价款之债权。但可能产生如下问题：其一，出卖人可否在买受人管理人行使选择权之前即申报债权？其二，出卖人申报债权之后，管理人还可否行使选择权？其三，出卖人申报债权可否被视为放弃行使取回权？

对于第一个问题，美国《破产法》认为不论破产债权确定与否、有无争议，皆可申报，① 我国企业破产法亦规定附条件、附期限、未决的债权皆可申报，② 其旨在防止债权人因债权未定而错过申报期。故在管理人行使选择权之前，出卖人的未付价款债权虽属于未定债权，亦可申报。

对于第二个问题，笔者认为，若因出卖人申报债权即可否定买受人管理人之选择权，则选择权会因对方行为单方受限。故而出卖人申报债权之后，管理人依旧可行使选择权。至于具体操作，出卖人应以"待履行合同之债"申报债权，若管理人选择解除合同，则该债权转化为破产债权；若管理人选择继续履行合同，则该债权转化为共益债权。③

对于第三个问题，实践中法院常认为，出卖人有两条权利实现路径，即申报债权与行使取回权，前者为债法路径，后者为物权法路径，选其一即视为默示放弃另一路径。例如，有的法院指出，"申报债权时主张全部货款的行为应当视为不再保留合同项下标的物的所有权"④，再如，"出卖人选择了所有权就丧失了债权，选择了债权就丧失了所有权"⑤。有学者提出了异议，类比抵押担保，"若债务人不履行义务而债权人起诉要求其履行，也并不会导致抵押权的丧失"⑥，故即便出卖人已申报债权，也不应视为其放弃行使取回权。笔者认为，同样类比抵押担保，美国法院已确定"优先权不受破产案件影响"的

---

① See George M. Treister：*Fundamentals of Bankruptcy Law*，American Law Institute – American Bar Association Committee on Continuing Professional Education，1993，p. 287.

② 《企业破产法》第 47 条规定："附条件、附期限的债权和诉讼、仲裁未决的债权，债权人可以申报。"

③ 参见兰晓为：《破产法上的待履行合同研究》，人民法院出版社 2012 年版，第 65—66 页。

④ 新疆维吾尔自治区高级人民法院（2017）新民终 115 号。一审法院认为："虽然合同法第一百三十四条规定当事人可以在买卖合同中约定买受人未履行支付价款或者其他义务的，标的物的所有权属于出卖人，但本案中新正泰公司通过向新沛公司破产管理人申报债权的方式，要求支付全部货款。新正泰公司申报债权主张全部货款的行为应当视为不再保留合同项下标的物的所有权，合同项下标的物的所有权已转移到新沛公司。现新正泰公司再次主张标的物所有权的请求，不符合法律规定，不予支持。"二审法院生效判决对此予以维持。

⑤ 万利蓉：《已在诉讼中主张债权请求权的当事人无权在执行中依据所有权保留主张物权请求权》，载《人民司法》2010 年第 6 期。

⑥ 许德风：《破产法论：解释与功能比较的视角》，北京大学出版社 2015 年版，第 219 页。

原则，① 担保债权人可以申报担保债权以获得"经确认的担保债权"地位，也可不申报。② 故债权申报与担保物权并非排斥关系，所有权保留出卖人申报债权的权利与取回权也应如是。但此处的"申报"并非"普通债权申报"，而是"担保债权申报"，所有权保留下出卖人申报债权时也应标注其具有取回权。若出卖人只申报全额普通债权，管理人应与其沟通确认，如仍不注明，则视为放弃行使取回权，否则可能发生双重清偿问题。③

（四）无法取回的救济——代偿取回权

所有权保留买卖标的物毁损灭失或被第三人善意取得时，因标的物不复存在，出卖人的取回权将无法行使，故此时讨论对出卖人权利的救济尤为重要。

一般情形下，标的物因不可归责于双方当事人的原因毁损灭失时，产生风险负担问题。因标的物已交付，风险由买受人承担，出卖人拥有请求支付剩余价款的债权；标的物因可归责于买受人的原因毁损灭失时，出卖人对买受人拥有择一行使侵权或违约损害赔偿请求权的债权；标的物被买受人无权处分且被第三人善意取得时，出卖人拥有择一行使侵权损害赔偿请求权、违约损害赔偿请求权及不当得利请求权的债权。上述债权若产生在破产申请受理前，应作为破产债权清偿，若产生在受理后，则作为共益债务，我国《破产法解释二》第 30 条、第 32 条④亦作相同规定。此种救济严格遵循法理，旨在防止偏颇清偿，但对出卖人的权利保护难谓妥当：因破产清偿率极低，共益债权也可能不足额清偿，因此，代偿取回权的设置十分必要。

---

① *Long v. Bullard*, 117 *U. S.* 617, 1886.

② 参见［美］查尔斯·J. 泰步：《美国破产法新论》（中册），韩长印等译，中国政法大学出版社 2017 年版，第 798 页。

③ 参见最高人民法院（2009）民二终字第 34 号。法院认为："2006 年氮肥厂被国务院列入拟破产企业时，该厂的资产总额为 80096 万元。后东方公司西安办向氮肥厂破产管理人申报债权时是作为普通债权申报的，并没有提及抵押权。经第一次债权人会议，管理人编制了拟确认债权表，东方公司西安办没有提出异议。由此应当认为，东方公司西安办放弃了物权担保。"

④ 《破产法解释二》第 30 条规定："债务人占有的他人财产被违法转让给第三人，依据物权法第一百零六条的规定第三人已善意取得该财产所有权，原权利人无法取回该财产的，人民法院应当按照以下规定处理：（一）转让行为发生在破产申请受理前的，原权利人因财产损失形成的债权，作为普通破产债权清偿；（二）转让行为发生在破产申请受理后的，因管理人或者相关人员执行职务导致原权利人损害产生的债权，作为共益债务清偿。"《破产法解释二》第 32 条第 2 款："保险金、赔偿金已经交付给债务人，或者代偿物已经交付给债务人且不能与债务人财产予以区分的，人民法院应当按照以下规定处理：（一）财产毁损、灭失发生在破产申请受理前的，权利人因财产损失形成的债权，作为普通破产债权清偿；（二）财产毁损、灭失发生在破产申请受理后的，因管理人或者相关人员执行职务导致权利人损害产生的债权，作为共益债务清偿。"

代偿取回权，"是指取回权的标的财产被非法转让或灭失时，该财产的权利人有权取回转让其财产所得的对待给付财产或补偿金"[①]。相较于赔偿请求权，代偿取回权为物权性质，权利人不通过破产程序受偿，具有优先效力，对取回权人保护更佳。

我国立法仅对标的物毁损灭失的情形设置了代偿取回权，[②] 而未对标的物被无权处分并被善意取得的情形作出规定，笔者认为欠妥：其一，类比"物上代位性"，日本《民法典》已将代位物之范围扩展至"变卖所得价款"，[③] 实值借鉴；其二，类比别除权制度，"管理人错误地将担保物变卖，别除权人对变卖价款享有优先受偿权"[④]，取回权人也应对变卖价款享有取回权；其三，类比抵押权制度，抵押人擅自处分抵押物时，抵押权人拥有充分救济，要么承认抵押权的追及效力，要么肯定抵押权人对抵押物转让价金的优先受偿权。[⑤] 若对取回权人无任何物权性救济，可能催使债务人出现破产原因后争相非法处分标的物。从所有权保留的目的看来，其也"旨在防止标的物和标的物转卖所得价款进入破产财团而被普通债权人分配"[⑥]。故应效仿德国、日本相关破产规定，[⑦] 肯定取回权人对标的物变卖价款的代偿取回权。

对代偿物形式的限制亦有争议：有的学者主张代偿物为货币时不可取回，代偿物应限于"非金钱"；[⑧] 有的学者则主张区分规则，只要该货币代偿物未与债务人原有资金混同，即可以取回。[⑨] 我国的立法态度为，保险金、赔偿金、代偿物尚未交付给债务人，或者代偿物虽已交付给债务人但能与债务人财产予以区分的，可以取回。这实际上将代偿物分为了三类，即货币、非金钱财产、债权请求权。货币未交付时，取回的实际上是对第三人的债权请求权；货

---

① 张兴祥：《中美破产法律制度比较研究》，法律出版社 2009 年版，第 124—125 页。

② 《破产法解释二》第 32 条第 1 款规定："债务人占有的他人财产毁损、灭失，因此获得的保险金、赔偿金、代偿物尚未交付给债务人，或者代偿物虽已交付给债务人但能与债务人财产予以区分的，权利人主张取回就此获得的保险金、赔偿金、代偿物的，人民法院应予支持。"

③ 《日本民法典》第 304 条："所谓先取特权之物上代位性，是指先取特权对债务人因其标的物变卖、租赁、灭失或毁损而应受的金钱或其他物亦可行使。"

④ 王欣新：《破产别除权理论与实务研究》，载《政法论坛》2007 年第 1 期。

⑤ 参见朱庆育：《抵押物转让效力之比较研究——兼评我国担保法第 49 条》，载《政法论坛》2000 年第 2 期。

⑥ Rolf B. Johnson: *A Uniform Solution to Common Law Confusion: Retention of Title under English and U. S. Law*, in *Berkeley Journal of International Law*, 1994, p. 101.

⑦ 参见李飞主编：《当代外国破产法》，中国法制出版社 2006 年版，第 29 页、第 743 页。

⑧ 参见陈荣宗：《破产法》，三民书局 1986 年版，第 230 页。

⑨ 参见齐树洁：《破产法》，厦门大学出版社 2007 年版，第 272 页。相同观点参见贺小电：《破产法原理与适用》，人民法院出版社 2012 年版，第 336 页。

币交付后，立法对其可取回性予以了否定。

笔者认为货币代偿物只要可以与债务人原有资金相区分，便可取回，代偿取回权的基础理论即认为取回权人对原物的变形物依旧保有所有权，债务人仅为保管人，取回权人自然可以取回。① 立法之所以对货币区别对待，有可能顾及货币"占有即所有"的性质——债务人若已占有保险金等货币代偿物，因"占有即所有"，理应获得其所有权，故货币代偿物应归入破产财产，取回权人只可以普通债权人身份参与破产清算。笔者认为不可机械适用：其一，"占有即所有"否定对货币的返还原物请求权及占有回复请求权，而只肯定不当得利请求权，适用于一般民法情形并无问题，但适用于破产等特殊商事情形则会出现重大不公。基于"禁止以别人的财产清偿自己的债务的原则"，② 应否定债务人直接取得货币代偿物所有权。其二，德国学界已广泛承认金钱特定化后可以成为返还原物请求权的标的，③ 取回权人自可取回尚未混同的货币。其三，类比担保法关于"物上代位"的规定，④ 其未区分货币与非货币，代偿取回也应如是。其四，退一步说，在"存款货币"情形，债务人只暂时保管了对银行的存款债权，而非存款所有权，⑤ 此情形下取回权人自可取回。

关于货币代偿物是否可以与债务人原有资金相区分的标准，实践中常以"是否开设专门账户"为判断标准。⑥ 许德风教授则认为，"代偿取回权是否可行使不在于货币是否专户管理，而在于债务人账户有'代偿取回金'流入的事实，以及该笔资金可遵循一定标准加以区分的状态"，⑦ 只需在付款记录中说明汇款原因即可。笔者赞成许德风教授的观点，应采从宽标准以保护取回权人的利益。

亦有学者主张对债务人受领代偿物的时间点加以区分，若在破产申请受理

---

① 参见孙向齐：《破产代偿取回权研究》，载《法学杂志》2008 年第 2 期。
② 丁文联：《破产程序中的政策目标与利益平衡》，法律出版社 2008 年版，第 105 页。
③ 参见［德］鲍尔·施蒂尔纳：《德国物权法》（上册），张双根译，法律出版社 2004 年版，第134 页。
④ 参见《担保法》第 58 条、第 73 条。
⑤ 若认为存款人对存款享有所有权，则无从谈起存款人承担着银行破产的风险。
⑥ 最高人民法院《关于河南省高级人民法院就郑州亚细亚五彩购物广场有限公司破产一案中董桂琴等 50 家商户能否行使取回权问题请示的答复》："董桂琴等 50 家商户与亚细亚五彩购物广场有限公司（以下简称五彩购物广场）形成了委托收取销售货款的关系，现有证据不能证明五彩购物广场对所收取的货款开立专门账户加以管理，即五彩购物广场代收的货款没有特定化。由于货币作为动产的特殊属性，董桂琴等 50 家商户对没有特定化的货款不具有所有权关系，在企业破产还债程序中不能行使取回权，可以以普通债权人的身份参与破产财产的分配。"
⑦ 许德风：《论债权的破产取回》，载《法学》2012 年第 6 期。

前受领代偿物，不可取回；在受理后，则可以取回。① 笔者认为破产申请受理不会改变债务人对标的物变形物的代管状态，此种区分并无意义。

综上，所有权保留买卖中标的物毁损灭失或被第三人善意取得时，出卖人的一般取回权无法行使，但如果毁损灭失所得的保险金、赔偿金或因无权处分所得的对价等代偿物可以与买受人的原有财产相区分，出卖人可对代偿物行使代偿取回权。

五、取回后的清算

（一）所有权保留下出卖人行使取回权后的清算

取回权的行使并非所有权保留买卖合同双方权利义务的终结，讨论取回后的清算至关重要。出卖人或买受人破产场合，若合同继续履行但买受人特定违约，出卖人享有"所有权保留取回权"，但在行使"所有权保留取回权"后，标的物是否应拍卖变卖、出卖人是否应返还买受人已付价款、买受人是否应给付使用费及损害赔偿费用，破产法未加规定。

在非破产场合，《买卖合同解释》规定的"再出卖权"类似清算性规定，可供讨论：出卖人取回标的物且买受人未回赎，可以再出卖，所得价款清偿必要费用及未付价款后仍有剩余的，应返还买受人；如有不足，出卖人可以请求买受人继续清偿。② 出卖人不再出卖时，我国立法未有规定，美国《统一附条件买卖法》（*Uniform Conditional Sales Act*）规定出卖人将继续保有标的物所有权，而双方全部权利义务将归于消灭，③ 总之，再出卖权类似担保物权的强制清算程序，核心在于"拍卖变卖"与"多退少补"。然而，各国立法例均规定所有权保留出卖人"享有再出卖权"而非"负有再出卖义务"，故出卖人取回后并非强制清算，而是可选择地清算。一言以蔽之，出卖人行使再出卖权时，双方进行清算；放弃行使再出卖权时，双方权利义务类似"流质"。

笔者认为，"再出卖权"在理论与实践上存在诸多缺陷，不可在破产领域内直接适用：（1）再出卖标的物时，出卖人对买受人享有的未付价款债权可在再出卖所得价款中优先受偿，然而标的物本为出卖人所有，岂有对自己所有之物变价后优先受偿之理？王泽鉴先生有如下解释："吾人可认为，出卖人于

---

① 李永军：《论破产程序中的取回权》，载《比较法研究》1995年第2期。原文以"破产宣告"为时间节点进行划分，现在应为"破产申请受理"。

② 参见《买卖合同解释》第37条第3款。

③ See Uniform Conditional Sales Act §32.

取回后再出卖时放弃保留之所有权，条件因而成就，买受人取得物之所有权。"① 然而，附条件买卖之条件为"买受人支付全部价款"，而非"出卖人放弃所有权"，条件并未达成；加之，即便法律拟制所有权保留买受人在再出卖的一瞬取得对标的物的所有权，但难以解释再出卖合同中的买受人如何最终取得所有权，因为其并未与所有权保留买受人成立任何买卖的合意。故"再出卖权"在理论上难以立足。（2）我国立法并未对"再出卖权"设置期限要求，故若出卖人若干年后才再出卖标的物，将难以重启对原所有权保留买卖合同的清算程序；且未设置期限要求将难以确定出卖人是否已放弃"再出卖权"。故"再出卖权"在实践上难以立足。（3）出卖人放弃"再出卖权"时，类似流质，双方再无任何权利义务关系。有学者认为，"实际上是出卖人以买受人支付的价金折抵了标的物的使用费和其他损害赔偿的费用"②，但双方对"折抵"并未达成合意，显然并未尊重买受人的意愿。我国台湾地区立法肯定了买受人对标的物的再出卖有请求权，只有当买受人未请求再出卖且出卖人30 日内未再出卖者，双方权利义务才归于消灭，此时视为双方均放弃清算。③我国大陆未肯定买受人对标的物再出卖的请求权，故不可看作双方对放弃清算达成合意，如此规制将对买受人权利侵犯过甚。（4）出卖人将标的物取回后，应自行承担标的物价值波动的风险，然而"再出卖权"的"多退少补"实质上将此风险让买受人承受，有违法理。综上，"再出卖权"实质上是"取回权的外衣""担保物权的内核"，不足借鉴。

因此，应摒弃"再出卖权"的立法设置。所有权保留买卖合同中，出卖人行使取回权取回标的物后，若双方未约定对标的物变价清算，应通过债权方式消灭权利义务关系：出卖人占有买受人的已付价款，成立不当得利；买受人因之前使用标的物，对出卖人负有使用费债务及磨损折旧债务；买受人因违约，亦对出卖人负有违约责任。至于在破产领域内的规制：（1）在出卖人破产的场合，买受人的已付价款债权应作为共益债权申报（因合同在破产申请受理后继续履行），出卖人则可要求买受人给付使用费及损害赔偿。出卖人管理人再出卖标的物，所得价款应归入破产财产分配与各债权人，而非扣除必要费用及未付价款后返还给买受人。（2）在买受人破产的场合，出卖人的使用

---

① 王泽鉴：《民法学说与判例研究》（第七册），北京大学出版社 2009 年版，第 221 页。

② 柴振国，史新章：《所有权保留若干问题研究》，载《中国法学》2003 年第 4 期。

③ 我国台湾地区"动产担保交易法"第 29 条规定："买受人得于出卖人取回占有标的物后十日内，以书面请求出卖人将标的物再行出卖。出卖人纵无买受人之请求，亦得于取回占有标的物后三十日内将标的物再行出卖。出卖人取回占有标的物，未受买受人前项再行出卖之请求，或于前项三十日之期间内未再出卖标的物者，出卖人无偿还买受人已付价金之义务，所订附条件买卖契约失其效力。"

费及损害赔偿债权应作为共益债权申报，买受人则可要求出卖人返还已付价款。（3）双方若约定对标的物变价清算，则从其约定。

（二）出卖人行使破产取回权后的清算

买受人破产场合，管理人解除合同后，出卖人可行使破产取回权。《破产法解释二》对取回后的清算加以规定：买受人管理人可向出卖人请求返还已支付价款；标的物价值减损，出卖人可在买受人已付价款中优先抵扣，剩余部分返还买受人；已付价款不足以弥补标的物减损的，不足部分作为共益债务。[①]

立法如此规制，笔者认为欠妥：其一，标的物价值贬损有两种原因，一为磨损折旧，二为自然贬值，买受人因使用标的物需为前者负责，出卖人作为所有权人则需承受后者。立法一律将贬损损失交由买受人承担，有违公平。而出卖人作为所有权人，标的物增值收益归其所有，却无须承担贬值损失，甚为不公。其二，按一般情形，出卖人应退还占有的已付价款，磨损、折旧损失则作为普通破产债权进行申报，但立法的"优先抵扣"条款实质上赋予了出卖人对已付价款的优先权，大大提高了清偿率，对其他债权人不公。其三，合同已被管理人解除，各债务并不符合《企业破产法》第42条关于"共益债务"的定义，已付价款不足弥补损失的，应作为普通破产债权，而非共益债权。其四，从整体上来看，出卖人的债权将受到标的物价值与已付价款的双重担保，若依然未足额担保，未获清偿部分还可作为共益债务随时足额清偿，其已获得比担保物权人更加优越的地位，对买受人的权利侵犯过甚。

因此，出卖人在行使破产取回权后，应退还给买受人其已支付的价款；买受人使用标的物致磨损折旧的价值损失与因管理人解除合同而造成的损失，[②]应作为普通破产债权进行清偿。

结　论

当讨论破产程序中所有权保留出卖人的取回权问题时，一方面应遵循法律教义以保证立法体系的逻辑完整性，另一方面应结合经济实效进行价值权衡与适当突破。当所有权保留买卖一方当事人进入破产程序后，出卖人行使取回权

---

① 参见《破产法解释二》第38条第2款。

② 《企业破产法》第53条规定："管理人或者债务人依照本法规定解除合同的，对方当事人以因合同解除所产生的损害赔偿请求权申报债权。"

应以破产管理人行使选择权为先决条件。买受人破产的场合，管理人可以选择继续履行合同，此时若买受人特定违约，出卖人可在不解除合同的前提下行使取回权；管理人亦可选择解除合同，此时出卖人可径行行使"破产取回权"取回标的物。出卖人破产的场合，管理人无选择权，将继续履行合同，出卖人仅拥有在买受人特定违约时的取回权。

出卖人在行使所有权保留下的取回权时，买受人可以"已支付总价款75%"或"标的物已被第三人善意取得"抗辩。买受人已支付总价款75%而未完成全部价款的支付，虽可阻却取回，标的物依旧不可加入买受人的破产财产。

出卖人在行使破产取回权时，买受人不可以"已支付总价款75%"抗辩；在取回后，买受人亦不拥有回赎权。出卖人可提前申报对买受人的未付价款债权，申报时应注明拥有取回权，若只申报全额普通债权，管理人应与其沟通，如仍不改变，应视为放弃行使破产取回权。标的物毁损灭失或被善意取得，破产取回权则无法行使，若存在代偿物且可与买受人原财产区分，出卖人可行使代偿取回权取回代偿物。

取回后，应放弃"再出卖权"及各类"优先抵扣"的立法设置。出卖人应退还买受人其已支付的价款，买受人应给付使用费及相关赔偿。所有权保留中的取回权语境下，应以共益债权申报；破产取回权语境下，则以普通债权申报。

（责任编辑　杞月诗）

自动驾驶汽车的伦理困境及出路

——从"电车难题"谈起

王菁菁[*]

摘　要：随着自动驾驶汽车技术的不断进步，自动驾驶汽车以其提高人类交通效率，促进交通安全等优势正逐渐地应用于社会实践中。但是，在行驶过程中如何进行道德决策一直是自动驾驶汽车发展过程中无法规避的问题。自动驾驶汽车道德决策涉及伦理、法律、技术等多个面向，自动驾驶汽车背景下的"电车难题"与真正的"电车难题"所讨论的实际上是不同的问题，前者寻求解决方案，后者探求伦理真谛。自动驾驶汽车遭遇伦理困境的根本原因不是技术本身，而是伦理的本质。自动驾驶汽车技术上具备道德决策能力并不意味着自动驾驶汽车应该具备道德地位。伦理学与法学不应在预设自动驾驶汽车具备道德地位的语境下讨论具体实施或监管路径，而应本着审慎的态度，从前提性的关键问题着手，对应否赋予自动驾驶汽车自主道德决策权的必要性进行讨论。本文从规范自然主义的视角出发，从社会伦理系统融贯性及伦理、法律系统的最简化要求两个角度进行讨论，指出在当前的社会伦理和技术发展条件下，没有必要赋予自动驾驶汽车自主道德决策权，并提出自动驾驶汽车所遭遇"电车难题"困境的解决思路。

关键词：自动驾驶　伦理　"电车困境"　规范自然主义

本文第一部分就当前自动驾驶汽车发展自主道德决策所面临的"电车难题"进行介绍并引出问题。第二部分则就国际社会公布的人工智能伦理准则现状进行分析，指出虽然世界各国、各组织都在积极制定人工智能伦理准则，

---

*　王菁菁，中南财经政法大学博士研究生，罗马第一大学联合培养博士研究生。本文系中国国家留学基金委资助项目成果，项目编号 201907080021。

但已发布的伦理准则仅仅从人工智能设计的宏观理念出发，并没有针对自动驾驶汽车设计的专业化伦理准则。同时厘清一个概念上的区别，即自动驾驶汽车具备道德能力和赋予自动驾驶汽车道德地位是不同的。因此，发展自动驾驶汽车道德决策系统的伦理考量应先明确其必要性问题，只有通过对自动驾驶汽车道德决策权的必要性进行充分讨论后，自动驾驶汽车道德决策系统才能获得人类的初步信任。第三部分对赋予自动驾驶汽车道德决策权的必要性进行了讨论，从规范自然主义视角分析了自动驾驶汽车不宜过早承担伦理决策权的原因，一是有伦理决策能力的自动驾驶汽车无法与人类社会动态伦理准则保持融贯性；二是社会伦理与法律应秉承最简化原则，在社会实践经验匮乏、伦理准则与法学理念缺乏共识的情况下，贸然赋予自动驾驶汽车完全道德决策能力极易引起社会伦理及法律适用的混乱。文章的第四部分则从规范的视角尝试提出解决自动驾驶汽车"电车难题"的思路与建议。

一、问题的提出：自动驾驶汽车面对"电车难题"的伦理挑战

在人工智能技术飞速发展的大背景下，自动驾驶汽车的发展同样取得了令人瞩目的进展，自动驾驶汽车凭借快速的数据搜集能力和计算能力，使其行驶过程犯错的概率较人类大大降低，能够大幅度减少交通事故的发生。国务院2017年印发的《新一代人工智能发展规划》也将以自动驾驶汽车为代表的智能交通领域视为主攻方向，对自动驾驶汽车提出了突破复杂动态场景感知与理解、面向复杂环境的适应性等要求。① 但若想实现自动驾驶汽车对复杂动态场景的感知理解并作出决策，难点并非全部在于人工智能技术，选择何种路径解决自动驾驶汽车的"电车难题"等道德困境已引起了国内外学者和相关企业的广泛关注。在自动驾驶汽车技术发展愈加成熟的今天，对"电车难题"进行讨论已经不仅仅是学术争论，更有其现实需求。然而，学者、生产商、编程人员、消费者在这一问题的解决方案上莫衷一是，若想促进人工智能技术在交通领域的发展，只有在伦理和法律方面达成对自动驾驶汽车自主道德决策的统一，才能促进自动驾驶汽车实现更好更快的技术研发，使自动驾驶汽车为我国人工智能战略的进步及社会发展发挥其积极作用。

---

① 参见 http://www.gov.cn/zhengce/content/2017-07/20/content_5211996.htm，最后访问日期：2019年10月5日。

（一）自动驾驶汽车"电车难题"的背景与争论

自动驾驶汽车的本质是人工智能技术在交通领域的应用，根据美国汽车工程学会（SEA）发布的行业分级标准，自动驾驶汽车分为 L0—L5 六级。①我们所讨论的自动驾驶汽车主要指 L3—L5 技术等级视角下的自动驾驶汽车，简单来说，L3 层级为有条件的自动化，行驶过程中需要人类对系统给予适当支持；L4 层级为高度自动化，行驶过程中偶尔需要人类对系统给予支持；L5 层级为完全自动化，行驶过程中完全不需要人类对系统给予支持。从自动驾驶汽车的分级定义不难看出，自动驾驶汽车若想实现从 L3 层级跨越到 L5 层级的理想自主决策目标，需要对复杂的行驶场景作出准确判断，并制定合理合法的道德决策。可以说，"电车难题"是自动驾驶汽车行业向 L5 层级发展过程中必然遭遇且必须解决的一个伦理难题。"电车难题"是指当一台汽车在快速行驶中，前面的道路上突然出现了五个孩子，而司机面临抉择，要么出于保全自身安全的角度考虑，撞向五个孩子；要么是出于保护五个孩子的角度考虑，撞向旁边的混凝土墙，这样虽然汽车会撞毁并且司机有生命危险，但可以保全五个孩子的性命。在此种情况下，汽车中的司机无论作出怎样的选择都面临道德上的困扰。而这也是"电车难题"在自动驾驶汽车技术当下所面临难题的映射。

从深层次考虑，这一难题所反映的是"如何考虑生命的问题，以及是否应该遵循功利最大化的功利主义原则所带来的伦理责任的考虑"②。而对于如何应对自动驾驶汽车领域的"电车难题"，学者、企业和消费者等利益相关群体分歧较大。有学者发现，大多数人对自动驾驶汽车面临此类两难抉择时的观点是，应该按照功利主义的道德规范进行编程。③ 换句话说，功利主义道德规范认为应该在此类情境中考虑所有的利益相关方，并以尽量减少人类痛苦为目标，因此在面临此类情况时，牺牲掉汽车里的人以拯救五个孩子的生命是可以接受的。梅赛德斯 - 奔驰的一位董事曾发表过一份声明，表示该公司生产的自动驾驶汽车不会遵循功利主义的道德规范进行编程，但他的声明则遭到了学术界的强烈批评，"这一声明必须被收回，因为汽车公司无权作出决定生死的原

---

① 参见 https：//www. sae. org/standards/content/j3016_ 201806/，最后访问日期：2019 年 11 月 11 日。

② Nyholm S & Smids J.（2016）. *The ethics of accident - algorithms for self - driving cars：An applied trolley problem*? Ethical Theory and Moral Practice［J］. 19（5），p. 1275 - 1289.

③ Bonnefon J, Shariff A & Rahwan I.（2016）. *The social dilemma of autonomous vehicles.* Science［J］. 352（6293），p. 1573 - 1576.

则性决定"①。许多学者也试图通过实验来为功利主义的路径寻找依据。② 有学者抽样召集了志愿者，询问这些志愿者会选择什么种类的车，大多数人的回答都是，即使自己车中的人比车外可能被撞上的人少，依然希望车辆能够保护自己的安全。从宽泛的角度看，即使大多数人同意牺牲车内的人以拯救五个孩子，但并不代表大家真的会愿意购买无法保护自身安全的汽车。因此，若从功利主义的路径出发解决这一难题就要面临一个悖论：它可以给出社会公众能够接受的编程方案，但这一方案无法真正在实践中实现，因为大多数人都不愿意买无法保障自身安全的汽车。事实上，无论是功利主义还是现有的任何一种哲学方案都存在相似的悖论，无法对自动驾驶汽车视野下"电车难题"给出一个既能兼顾社会伦理准则又能兼顾自动驾驶汽车发展的两全方案。

从法学的视角看，有学者反对机器的自主道德决策，"工程师和程序员的行动范围应由立法者决定，他们的职责是开发安全可靠的工程解决方案。应根据社会道德标准出台法规，以规制机器编程，使其符合法律法规"③。也有学者持中立意见，认为"赋予智能机器道德决策能力虽然存在诸多不足，但有助于人类社会伦理与自动化伦理的区别和发展的研究"④。也有相当一部分学者对自动驾驶汽车在未来能够具备道德决策能力持乐观态度，⑤ 此类学者相信，随着技术的发展，采用一种"自上而下"的道德决策路径是可能实现的。不难看出，无论学术界还是企业抑或是消费者，对自动驾驶汽车如何应对"电车难题"并无统一观点，甚至分歧较大，此类问题在哲学、法学领域争论了上千年，但至今没有统一答案。

（二）自动驾驶汽车道德决策应关注的一个关键问题

在公路上行驶的自动驾驶汽车不应在道德上模棱两可，解决自动驾驶汽车

① 参见 https：//www. businessinsider. com/mercedes – denies – claim – its – driverless – car – will – prioritize – driver – safety –2016 –10？ IR ＝ T，最后访问日期：2019 年 12 月 27 日。

② Borenstein J，Herkert J & Miller K.（2017）. *Self – driving cars*：*Ethical responsibilities of design engineers.* IEEE Technology and Society Magazine ［J］. 36（2），p. 67 –75.

③ Yampolskiy R. V.（2013）. *Artificial intelligence safety engineering*：*Why machine – ethics is a wrong approach. In Philosophy and Theory of Artificial Intelligence.* Springer Press，p. 389 –396.

④ Janoff Bulman R，Sheikh S & Hepp S.（2009）. *Proscriptive versus prescriptive morality*：*Two faces of moral regulation.* Journal of Personality and Social Psychology ［J］. 96（3），p. 521.

⑤ Allen C，Smit I & Wallach W.（2005）. *Artificial morality*：*Top – down，bottom – up，and hybrid approaches.* Ethics and Information Technology ［J］. 7（3），p. 149 –155；Allen C，Varner G & Zinser J.（2000）. *Prolegomena to any future artificial moral agent.* Journal of Experimental & Theoretical Artificial Intelligence ［J］. 12（3），p. 251 –261；Etzioni A & Etzioni O.（2017）. *Incorporating ethics into artificial intelligence.* The Journal of Ethics ［J］. 21（4），p. 403 –418.

伦理决策的"电车困境"势必要从人类伦理准则中寻找答案。只有从伦理上寻找发展自动驾驶车与人类社会道德能够融合的路径，才能帮助自动驾驶汽车走出伦理困境。当前各国政府或国际组织所发布的相关伦理准则，实质上是自动驾驶汽车自主道德决策技术的设计伦理问题，而非自动驾驶汽车自主道德决策本身的伦理问题。事实上，自动驾驶汽车虽然需要技术上的设计伦理指引，但若想解决自动驾驶汽车"电车难题"的困境，首先应考虑的是赋予自动驾驶汽车伦理决策的必要性。

自动驾驶汽车陷入"电车难题"的重要原因，是人们把自动驾驶汽车预设为和人类一样具有主体资格，能够进行道德决策或承担责任，在此基础上，自动驾驶汽车自然就要和人类一样，陷入何为伦理本质等问题的分歧和讨论。事实上，自动驾驶汽车具备自主伦理决策能力只是一个选项，而非唯一答案，人们同样可以选择发展不承担自主道德决策的自动驾驶汽车。① 因此，是否有必要赋予自动驾驶汽车自主伦理决策权是应首要考虑的一个关键问题，缺乏对必要性问题的探讨，直接就如何实现自动驾驶汽车伦理决策进行讨论，不但缺乏理论支撑，对于技术的发展与社会稳定也是不负责任的。

二、自动驾驶汽车伦理准则检视

伦理准则是法学的基本范畴之一，也是立法者确保法律能够被社会民众所接受并信仰的重要基础，伦理准则通过道德与法律的双重形式，对社会生活进行约束和调解。因此，各国政府与国际各专业协会纷纷发布或积极起草本国或区域内的人工智能伦理准则，以期将人工智能技术纳入伦理体系，促进新技术快速正向发展。已发布的人工智能伦理准则主要目的是规范人工智能相关产业的设计伦理，但此类伦理准则对自动驾驶汽车如何走出"电车困境"却指导乏力，因为仅仅对自动驾驶汽车基于何种伦理框架进行设计是远远不够的，如何衡量"生命""标准"等命题并进而作出价值判断才是自动驾驶汽车道德决策所需要的帮助。同时，在讨论伦理准则对自动驾驶汽车发展道德决策技术的规制和影响时，应明晰自动驾驶汽车的设计伦理与自动驾驶汽车具备道德资格是两个不同的面向。

① Miller L. F. (2015). *Granting automata human rights：Challenge to a basis of full - rights privilege*. Human Rights Review [J]. 16 (4), p. 369 – 391.

（一）现有伦理准则无法解决自动驾驶汽车道德决策难题

2018 年，我国发布了《人工智能标准化白皮书（2018 版）》，[①] 其中论述了人工智能的安全、伦理和隐私问题，认为设定人工智能技术的伦理要求，要依托于社会和公众对人工智能伦理的深入思考和广泛共识，并遵循一些共识原则。欧盟于 2019 年出台了可信赖人工智能的伦理准则，明确了可信赖的人工智能的定义。[②] 欧盟准则中值得信赖的人工智能包括两部分：一是它的开发、部署和使用应符合基本权利和适用的法规，并尊重核心原则和价值观，确保"道德目的"；二是它在技术上应该强大可靠。俄罗斯则起草了世界上第一部关于智能机器人法律地位的"格里申草案"。[③] 同时，诸多国际组织也纷纷参与倡导人工智能伦理准则或框架，如 2018 年电气和电子工程师协会（IEEE）发布《人工智能设计的伦理准则（第 2 版）》，全面阐述人工智能 13 个方面的伦理事项；[④] 2016 年世界科学知识和技术伦理委员会发布了《机器人伦理报告初步草案》，既探讨了涉及社会、医疗、监控、工作等方面的机器人伦理问题，同时还探讨了机器伦理制造道德机器的应用。

从上述规定可以看出，当前各政府及社会组织制定人工智能伦理准则或框架的主要目标和愿景是为人工智能的设计伦理提供框架，而非为人工智能的具体应用场景和具体决策提供详细指导。也就是说，以上的伦理准则或框架依然无法解决以具体应用场景和决策为目的的自动驾驶汽车所面临的"电车困境"。无论是《人工智能标准化白皮书（2018 版）》或是相关国际组织准则，都没有针对自动驾驶汽车的专业化伦理准则，同时，自动驾驶汽车应遵循何种伦理被设计出来和其是否应承担自主伦理决策权是两个不同的问题，现有伦理准则无法回答是否应对自动驾驶汽车赋予道德地位的疑问。

（二）现有伦理准则对自动驾驶汽车设计伦理和道德地位概念界定不清

已发布的伦理准则并未明确自动驾驶汽车具备道德能力和赋予自动驾驶汽车道德地位是不同的概念。现有伦理准则主要约束的是道德机器的设计过程，在技术伦理准则监督和规制下所生产的智能机器不因其生产过程符合伦理准则

---

① 参见 http：//www. cesi. ac. cn/201801/3545. html，最后访问日期：2019 年 11 月 18 日。

② 参见 https：//ec. europa. eu/digital – single – market/en/news/ethics – guidelines – trustworthy – ai，最后访问日期：2019 年 9 月 10 日。

③ 参见 http：//robopravo. ru/proiekty – aktov，最后访问日期：2019 年 11 月 12 日。

④ 参见 https：//standards. ieee. org/develop/indconn/ec/autonomous_ systems. html，最后访问日期：2019 年 11 月 25 日。

而天然地具备伦理地位，此项概念的厘清并未包含在已发布的伦理准则中。当前，自动驾驶汽车企业正在努力攻克的 L3/L4 层级尚不具备完全自主决策的能力，技术尚无法达到超级人工智能的要求，诚然，随着人工智能技术的发展，自动驾驶汽车在未来具备道德决策能力是可能的。然而，即便技术上达到 L5 层级，但是否应该赋予自动驾驶汽车主体资格依然是一个值得商榷的问题。人类在实际生活中面临的道德决策是复杂且多元的，如何用算法学习人类复杂且多元的伦理准则进而作出决策是非常具有挑战性的。自动驾驶汽车具备道德决策能力并非不可达成，道德决策同其他运算一样，都是智能机器所要执行的算法，只要设计者在编程算法的过程中符合相关伦理准则，那么这一算法就是符合伦理要求的。但若将自动驾驶汽车赋予自主道德决策权，就意味着其要为自身的道德决策负责，在本质上相当于要解决自动驾驶汽车是否能够具有法律主体资格的问题。

事实上，对于"弱人工智能"，即使机器在运行算法的过程中由于算法的模糊性，产生的结果和设计者所设想的并不完全相同，但算法运行的基础依然是以人类意志为代表的结果。[1] 目前的人工智能技术无法设计出一套自上而下的伦理决策系统以进行完全自主的道德决策，这种决策路径下，不是人工智能的创造者在特定条件下运行人工智能，而是人工智能基于植入的既定关于哲学道德的人工智能程序作出决定。[2] 在此种情况下，机器所作出的伦理决策并非源于机器的自我意识，其决策过程受到人类编写代码控制，也应由其设计者或发行者承担相应责任，设计者或发行者在编写代码或命令的过程中应该遵循本国或本区域的伦理准则。因此，机器应遵循何种伦理被设计出来和机器是否应具备自主伦理决策能力是两个不同的问题。

自动驾驶汽车伦理决策之所以会遭遇"电车难题"，是因为人们预设了自动驾驶汽车应该具备伦理决策能力的前提，即自动驾驶汽车同人类一样成为道德决策及承担责任的主体。但实际上，技术上的可能性不应成为自动驾驶汽车应该具备完全自主道德决策能力的唯一理由，脱离社会伦理与法律现实等必要性考虑而空谈技术规范是不切实际的。[3] 人工智能大背景下的技术发展已不能再单独考虑技术本身，当前国际社会已公布的伦理准则正是对如何平衡技术发

① Siponen M. (2004). *A pragmatic evaluation of the theory of information ethics.* Ethics and Information Technology [J]. 6 (4), p. 279 – 290.

② Wallach Wendell & Colin Allen. (2019). *Moral Machines: Teaching Robots Right from Wrong.* New York: Oxford University Press, p. 16.

③ Bryson J, Diamantis M. E & Grant T. D. (2017). *Of, for, and by the people: The legal lacuna of synthetic persons.* Artificial Intelligence and Law [J]. 25 (3), p. 273 – 291.

展与社会伦理的回应，虽然这种回应是人工智能的伦理领域取得的重大进展，但对于解决自动驾驶汽车的伦理困境并无直接帮助。

解决自动驾驶汽车道德决策的问题关键并不是自动驾驶汽车能否具有完全自主决策能力的问题，因为这无异于把自动驾驶汽车视为超级人工智能，从当前的技术上来说其无法实现，从伦理上其无法统一；也不是如何使自动驾驶汽车具备自主决策能力的问题，在何种理念以及何种具体技术方式下设计自动驾驶汽车的本质同样是技术发展及设计伦理问题；归根结底，关键问题在于，赋予自动驾驶汽车完全自主道德决策能力是否必要。自动驾驶汽车的道德决策归根结底是规范性问题而非描述性的伦理问题。对自动驾驶汽车是否有必要具备完全自主道德决策的讨论包含两个方面：一方面是具备此种能力的自动驾驶汽车能否被社会的伦理体系所接纳；另一方面则是完全自主决策能力的自动驾驶汽车是否是解决自动驾驶汽车伦理困境的最佳手段，只有解决了这两方面的问题，才能够为自动驾驶汽车的完全自主道德决策难题寻找解决路径。

三、规范自然主义视角下的自动驾驶汽车自主道德决策权必要性探析

对自动驾驶汽车完全自主道德决策必要性的讨论离不开认知和立场。人们关心的核心问题之一，是当自动驾驶汽车面临道德困境时，汽车内的智能系统通过何种程序认知当前情况以及依据什么标准作出评价。[①] 对这一问题可以通过规范自然主义的视角予以审视。规范自然主义是这样的一种立场：评价标准和程序是在科学实践中产生的，应以评价科学理论的方式——即诉诸关于世界的说法——对其进行评价。[②] 规范自然主义包括以下主张：一是科学技术本身不能与哲学进行割裂，无论何种性质的科学研究都应该遵循一定的哲学方法；二是对科学技术的评价应将其置于社会实践的动态背景之下；三是在社会实践的视角下，科学技术本身和哲学相辅相成，哲学为科学技术提供需要遵循的基本经验和评价标准，科学技术则通过改造社会实践进而影响哲学经验。

规范自然主义的早期拥趸者之一奥托·纽拉特认为，[③] 经验研究、对经验研究结果的评价或辩护、对评价标准的选择，都是在科学本身当中产生的人类

---

① Abbott R.（2017）. *The reasonable computer：Disrupting the paradigm of tort liability*. George Washington Law Review ［J］. p. 86.

② ［美］约翰·洛西：《科学哲学的历史导论》，张卜天译，商务印书馆 2017 年版，第 244 页。

③ Otto Neurath.（1983）. *Protocol Statements*. Neurath Press，p. 92.

活动。超越经验的哲学讨论既无必要，也不恰当。同时他也认为，知识主张是在社会背景下被接受或拒绝的，这些背景涉及关于科学机构的组织、这些机构的资源、这些知识主张对于整个社会的价值等方面的实际考虑。纽拉特认为，科学家应当在科学命题之内寻求融贯性。[①] 在确立融贯性的过程中，没有一组命题在认识论上是基础性的，但对这种不协调的认识要作出裁决。对于评价标准（这些标准本身就是科学内部所作选择的产物）的应用产生了真正规定性的建议。自动驾驶汽车作为一项新技术，尤其是关涉人类切实生命安全并可能带来伦理问题的一项新技术，其关键问题无法通过技术本身得到答案，也不能仅仅从技术本身寻找答案。规范自然主义主张将科学技术置于动态发展的社会背景之下，其目的是寻找科学技术与哲学（包括社会伦理）的平衡点，其关注点正是自动驾驶汽车道德决策所面临的困境。因此，对自动驾驶汽车是否应具备道德地位的法哲学反思，可以从规范自然主义的主张中寻找答案。

（一）自动驾驶汽车道德决策系统无法与人类社会伦理准则保持动态融贯性

赋予自动驾驶汽车道德决策权是不必要的。自动驾驶汽车的伦理问题之所以难以解决，不是因为智能技术的本质，而是因为伦理的本质。[②] 一个简单的科学哲学史上的争论就可以说明为什么该问题难以解决。在牛顿的《自然哲学的数学原理》（第 2 卷）中，牛顿将"哲学推理的规制"总结如下几条：[③]（1）除那些真实且足以说明其现象者之外，不必去寻求自然界事物的其他原因；（2）所以对于自然界中同一类结果，必须尽可能地归于同一种原因……许多科学哲学家对牛顿的观点持有怀疑态度，如（1）中所讨论的"真实原因"究竟是什么，威廉·休厄尔和约翰·斯图亚特·密尔都批评牛顿未能明确"真实原因"的标准。休厄尔指出，如果牛顿是把某一类现象的"真实原因"限定于已知能够有效地产生其他类型现象的原因，那么第一项规则就过于严格了。这将预先排除新原因的引入。[④] 关涉科学哲学的相关关键概念和问题的讨论从未停止过。休厄尔对牛顿提出的"真实原因"的争议同样存在于自动驾驶汽车的道德决策讨论之中。缺乏统一概念的"真实原因""客观标

① Otto Neurath. （1983）. *Protocol Statements*. Neurath Press，p. 96.

② Tonkens R. （2009）. *A challenge for machine ethics*. Minds and Machines ［J］. 19 （3），p. 421 –438.

③ Isaac Newton. （1999）. *The Principia，Mathematical principles of natural philosophy，a new translation by I. Bernard Cohen and Anne Whitman*. University of California Press，p. 398 –400.

④ William Whewell. （1848），*Second Memoir on the Fundamental Antithesis of Philosophy*，Transactions of the Cambridge Philosophical Society ［J］. 8 （5）：p. 614 –20.

准"等关键命题的理解，是自动驾驶汽车道德决策无法与人类社会伦理价值融和的重要原因。

"现代化正在成为它自身的主题和问题，因此变得具有反思性。"① 基于当前人工智能技术的自动驾驶汽车，即使在技术上能够达成道德决策目的，也很难寻求与人类社会伦理的融贯性。"人工智能自身具有的属性为其异化提供了可能，也将陷入人类个体的社会性丧失的结果。"② 讨论在自动驾驶汽车语境下的道德决策如同讨论其他规范性问题一样，即究竟什么标准才是最真实、最必要的。当汽车面临道德决策时，五个孩子的生命和汽车内司机的生命究竟哪个更有价值？基于何种标准比较两者的价值？讨论此类问题往往要综合复杂的社会价值观与这个人所身处的现实情况，如果司机是一名有着三个孩子的单亲爸爸，而且他也是其病重母亲维持生命唯一的经济来源，若从功能主义视角为了保全五个孩子的生命而牺牲掉了司机的生命，那么这一结果反而不符合功能主义的评价标准，因为无法衡量究竟是五个孩子的性命对社会更有价值还是拯救司机的性命对社会更有价值。基于其他理论视角所设计的决策同样要面临类似的问题。事实上，此类的问题往往得不到一个唯一的、准确的答案，每一次道德决策都与复杂的社会与个人情况息息相关，"真实""客观""标准"等一直是数千年来困扰着哲学家和大众的严肃命题，即使人工智能技术在如何模拟人类行为和思考方式上有了极大的进步，但如何衡量"真实的原因"和"客观的标准"依然是人工智能无法解决的问题，而这恰恰是人工智能与人类社会伦理相融合的关键因素。现代科技成为高风险的技术，工具理性的专横与人类驾驭能力的削弱成为未来社会复杂性与不确定性的主要来源之一。③ 在无充足社会实践经验和讨论的基础上贸然将自动驾驶汽车置于道德决策的位置上，很可能使得以自动驾驶汽车为代表的人工智能技术将人类社会陷入诸多"不可知论"式的风险与恐慌，这一做法实际上是将以自动驾驶汽车为代表的人工智能技术置于不道德的境地。

依据康德哲学，伦理属性是人区别于其他生物的本质属性。人的伦理属性使其享有其他生物不可能享有的自由，人之自由的根本在于意志自由。"要这

---

① ［德］乌尔里希·贝克：《风险社会》，何博闻译，译林出版社 2004 年版，第 16 页.

② 张卫良、何秋娟：《人工智能时代异化劳动的技术形态及其扬弃路径》，载《理论探索》2019 年第 3 期。

③ Goodall N. (2016), *Away from trolley problems and towards risk - management*, Applied Artificial Intelligence ［J］. 30（8），p. 815.

样行动，使你的意志的准则任何时候都能同时被看作一个普遍立法的原则。"①倘若赋予自动驾驶汽车对人类生命如何取舍的道德决策系统，其无异于成为自由、自律的伦理主体，但即便自动驾驶汽车具有道德决策的能力，其与人的本质伦理属性是显然不同的。从伦理的观点看，人因理性而成为目的。康德认为："人虽然有着种种的感性欲望，但他并不由这些欲望决定，决定其行为的永远是理性，正因为这样，才能对人的行为进行道德评价。"②但对于拥有自主道德决策的自动驾驶汽车来说，其面对选择时所作的决策既非来源于理性，也非来源于欲望，其作出选择时所依据的唯一来源就是命令——编程代码所写好的命令，人工智能仅具有有限的认知能力，没有自我意识，没有自身目的，不可能成为自由自律的理性主体。自动驾驶汽车仅能通过人类为其设定的算法或通过海量数据训练自主生成算法认识事物，它们对世界的认知受到很大限制，无法用数据形式表示抽象内容（如情感、动机、直觉等）；从哲学的路径选择上，也很难能够决定究竟哪种路径更适用于自动驾驶汽车的道德决策中。同时，人类创造自动驾驶汽车的目的在于创造更加安全便捷的交通方式，有学者指出，"'因为人的发展是目的，基于人之发展需要，可以授予为人之发展目的所必要的工具以主体地位，赋予工具以主体地位，在于更好地实现其作为服务于人的工具的价值'，其并将法律主体制度的法理根据归纳为目的性根据和工具性根据"③，但在当前社会缺乏对自主决策道德机器统一伦理准则的情况下，赋予自动驾驶汽车自主道德决策与"人的发展是目的"的目的性根据有所出入。更何况，以上的讨论仅仅在自动驾驶汽车具有完全自主决策能力的情况下才有意义，在当前人工智能技术发展的过程中，符合完全自主决策能力的超级人工智能尚未出现，更不要提有着专门应用场景、对智能化的要求并没有超级人工智能那样高级的自动驾驶汽车了。

可能有人会反驳，人类自身都无法解决何为"真实"，何为"自我"等严肃负责的哲学命题，但并未影响人们的生活，社会依然有秩序地运转着。但实际上，此种讨论并非本文的重点，因为虽然人类会有不同认知或秉持不同的伦理准则，但人类社会早已在异议和不同中找到了调节人类社会伦理价值的工具，即法律制度。道德体系的连贯性直接反映在法律制度上，不可执行的法律是无用的，规范性的法律规则目标之一就是构建一种人们所希望的秩序。我们

---

① ［德］康德：《康德三大批判合集》（下），邓晓芒译，杨祖陶校，人民出版社 2009 年版，第 44 页。

② ［德］康德：《法的形而上学原理——权利的科学》，沈叔平译，商务印书馆 1991 年版，第 131 页。

③ 张保红：《权利能力的双重角色困境与主体资格制度重构》，载《法学家》2014 年第 2 期。

应通过伦理和法律"规范和追寻技术上的可以管理的哪怕是可能性很小或影响范围很小的风险和灾难的每一个细节"①。诸多科学哲学上的伦理难题使得对自动驾驶汽车的道德决策无法实现，因为当前人们无法确定对自动驾驶汽车道德决策科学的评价性标准，而缺乏科学评价标准的道德则无法符合道德体系的连贯性要求。② 人类社会形成伦理准则的核心是通过协商所达成的一种平衡，这种平衡并不是人类凭空臆想出来的，而是切实来源于社会的发展与人类认知的不断变化。③ 虽然"知识社会预示着一个新的社会范式的转换"④，但自动驾驶汽车道德决策的评价标准同样应符合在人类与人工智能发展技术背景下互相协调所达成的某种平衡，而当前并无适当的理论能够达成此种平衡。因此，本文无意也无法给出何为"真实""自我"等哲学问题的答案，本文认为，正是由于伦理所具有的此种"神秘"的特质，自动驾驶汽车无法具备同人类一样的自由与理性，也无法具有对道德标准与评价的自我认识。过早讨论自动驾驶汽车能否具有完全自主道德决策，既无答案，也无意义。在当下的社会语境中强调安全必须是科技伦理的首要原则，⑤ 因此，与其在脱离社会实践经验和讨论的情况下讨论此问题，不如关注当下的社会伦理和法律制度能够为以自动驾驶汽车为代表的人工智能技术做些什么。

（二）自动驾驶汽车具备道德决策能力极易引发社会不稳定性

正是由于人类通过协商等方式达成了以法律为最低标准维持社会伦理及秩序，那么若想赋予自动驾驶汽车道德决策权必然要以法律为基石。自动驾驶汽车的道德决策权所牵涉的问题是多面向的，科技的剧变会改变"整个法律体系并运作于其中的社会空间"。⑥ 面对如此严肃的社会命题，法律带有天然的保守性，具有"克制与谦抑"的特质，⑦ 与其同时，"对未知事物的怀疑以及

---

① ［德］乌尔里希·贝克：《从工业社会到风险社会——关于人类生存、社会结构和生态启蒙等问题的思考（上篇）》，载王武龙编：《马克思主义与现实》2003年第3期。

② McNeilly F. S.（1968）. *The enforceability of law.* Noûs［J］. 2（1），p. 47－64.

③ Fischer J.（2004）. *Social responsibility and ethics：Clarifying the concepts.* Journal of Business Ethics［J］. 52（4），p. 381－390.

④ 易继明：《知识社会中法律的回应性特征》，载《法商研究》2001年第4期。

⑤ 冯昊青：《安全之为科技伦理的首要原则及其意义——基于人类安全观和风险社会视角》，载《湖北大学学报（哲学社会科学版）》2010年第1期。

⑥ 郑戈：《在鼓励创新与保护人权之间》，载《探索与争鸣》2016年第7期。

⑦ 陈金钊：《法律人思维的保守性——和谐社会建设中的法官意识形态》，载《学习与探索》2008年第1期。

宁可相信经验而不相信理论的心理，根深蒂固地存在几乎一切人的心中"①。规范自然主义的另一支持者奎因认为，科学理论的实现是一种受到经验约束的"力场"，"可以通过在整个系统的各个地方对各种选项进行重新评估……而把难以驾驭的经验纳入进来"②。鉴于理论与经验的冲突，他认为我们可以（而且通常会）选择调整靠近周边的力场部分。这样一来，我们就通过做出对理论影响最小的改变而重新建立起与观察到的情况一致。③ 因此，实现自动驾驶汽车在技术上更加"道德"是值得鼓励的，但是对于赋予自动驾驶汽车道德决策权的讨论，必须在考虑社会伦理和法律实践的条件下予以谨慎对待。

根据奥卡姆剃刀原则，人们应该在尽可能的情况下，对现有规范进行最小的调整，以便引入新的规范将不太可能造成社会混乱或中长期不稳定。④ "对于现象最简单的解释往往比比较复杂的解释更正确。如果你有两个或多个类似的解决方案，选择最简单的。需要最少假设的解释最有可能是正确的。"⑤ 超脱物质基础、伦理基础和法律基础贸然地将人工智能强制性地赋予道德能力，在未经充分论证的情况下，这一决定既没有必要性也没有益处，反而有可能引发一系列的社会问题。人类社会动态的伦理准则既有描述性的成分，也有规范性的成分。描述性的伦理学是建立在观察人们的行为基础上的，是基于科学方法对事实的断言。⑥ 规范性伦理则包括诸如关于应该做什么的建议，尽管这些建议很可能有描述性的事实作为后盾，但就其性质而言，这些规范性伦理的建议并不是事实本身。规范性伦理的典型代表就是法律，人们基于描述性的伦理准则，综合社会各方的协商与博弈，制定出了人们在未来所希望构建的伦理框架并加以实施。社会团结视为整体上的道德现象，将社会集体意识和社会劳动分工作为维系社会团结的纽带，将法律形象地比喻为社会道德的"看得见的符号"⑦。自动驾驶技术被发明的终极目的就是为人类服务，其作为人类的工具应当然地包含在人类的伦理框架中，采用规范性视角看待自动驾驶汽车道德决策是应有之义。相反，用描述性伦理的视角超前赋予自动驾驶汽车道德决策权缺乏足够的观察经验，无法得出自动驾驶汽车应具备道德地位的必要性结

① ［英］休·塞西尔：《保守主义》，杜汝楫译，商务印书馆 1986 年版，第 3 页。

② Willard Van Orman Quine. (1953)，*Two Dogmas of Empiricism*. Harvard University Press，p. 44.

③ Mahoney P. G. (2001). *The common law and economic growth: Hayek might be right*. The Journal of Legal Studies ［J］. 30 (2)，p. 503 – 525.

④ Sober Elliott (1994). *Let's Razor Occam's Razor，Explanation and Its Limits* ［J］. Cambridge University Press，p. 73 – 93.

⑤ Charlesworth M. J. (1956). *Aristotle's Razor*. Philosophical Studies ［J］. 6，p. 105 – 112.

⑥ Fischer J. M. (1999). *Recent work on moral responsibility*. Ethics ［J］. 110 (1)，p. 93 – 139.

⑦ 刘晓梅：《迪尔凯姆社会道德视野中的法律观》，载《道德与文明》2004 年第 1 期。

论。现有伦理准则和法律规范对自动驾驶汽车自主道德决策应秉承负责的态度，不能仅仅依靠人们的热情，更需要建立在科学的理论和丰富的经验之上。通过规范性伦理的角度，以审慎的方式对待自动驾驶汽车自主道德决策的问题，既符合人类对待自身社会伦理稳定与发展的谨慎态度，也有利于自动驾驶汽车技术快速持续地发展。

四、自动驾驶汽车自主道德决策难题的破解路径

（一）厘清自动驾驶汽车设计伦理与道德主体概念的界限

自动驾驶汽车技术对出行的安全和生活的便捷具有的积极作用是无可否认的，在经济价值主导的功利主义化的方法下，人们对赋予自动驾驶汽车道德地位抱有极大热情。但自动驾驶汽车技术上具备道德决策能力和其本身具有道德地位是两个不同的命题，只有厘清二者界限，才能够明晰解决自动驾驶汽车"电车难题"的思路。从本质上来看，人工智能背景下自动驾驶汽车所面临的"电车难题"是一个伪命题，因为提出"电车难题"的初衷是探讨伦理问题，是讨论人类的伦理道德在面临生命或其他重要价值中如何选择的方法问题，而自动驾驶汽车语境下的"电车难题"，是人类作为设计者该预设何种路径作为解决方案的问题，而非真正的伦理难题。事实上，自动驾驶汽车所具备的道德决策能力，究其本质体现的是研究者编写代码命令。一方面，算法虽然具有模糊性，但这种模糊性同样建立在设计者的代码命令或相关训练数据之上，从源头上其依然反映着设计者的意图和道德观念；另一方面，对于算法的模糊性并非无法克服，伦理和法律上的审慎态度能够不断推进设计者或公司改进算法，增加透明度。

对于技术手段的伦理规则，通过现有的伦理准则即可达到目的，但关涉自动驾驶汽车作为道德主体的讨论尚无法在当前社会达成伦理共识，自动驾驶汽车道德决策仅仅应被视为一项技术，通过立法、行业规范及政府监管等方式，对开发自动驾驶汽车的设计者或公司予以道德评价。若不对自动驾驶汽车设计伦理和道德主体概念的边界予以厘清，一味讨论或预设技术可能性即代表自动驾驶汽车具备道德地位，当自动驾驶汽车的道德决策出现问题时，除了自动驾驶汽车本身，没有人会承担责任，此种转嫁责任的方法恐怕无法得到社会大众的认同。

（二）设立专业审查机构并完善相关伦理准则

自动驾驶汽车是专业性很强的行业，无论是 L3 层级或 L4 层级的自动驾驶汽车，一是其技术上不具备完全自主性，二是处于 L3/L4 层级的自动驾驶汽车在行驶中遇到突发情况时，需要人类紧急介入以确保其选择的安全性，但处于自动驾驶状态下的司机根本无法在极短的时间内对突发情况做出反应，因此即便自动驾驶汽车发展到 L4 层级，依然要面临伦理和现实的双重困境。针对自动驾驶汽车的设计和内嵌伦理这一复杂问题，世界范围内并没有专业审查机构对自动驾驶汽车道德决策设计及其过程予以指引和约束。自动驾驶汽车有造成损害人类生命安全和冲击伦理准则的风险，设立受法律监管的专业性审查机构是必要的。由自动驾驶汽车技术专家、哲学家、法学家等专业学者共同组成审查机构，组成人员应经过严格筛选，针对自动驾驶汽车的设计伦理、可能应用场景中的道德选择及冲突等方面进行严格的规定，对自动驾驶汽车内置道德决策算法予以评估，评估不通过则该款汽车不能面向社会发行，同时，对于自动驾驶汽车算法中的模糊部分，也应由审查机构承担对算法的审查和透明化监管等责任，以使得责任划分更加明晰，算法运算更加透明。

笔者认为，应出台针对自动驾驶汽车的设计伦理细则，鼓励发展自动驾驶汽车内嵌道德系统。欧盟等组织出台的人工智能伦理准则是很有益的尝试，但该准则的部分规定过于宏观，同时该规定是面向人工智能语境的所有技术而言，并无针对自动驾驶汽车的具体规定，因此，有必要由相关专业协会或部门牵头，出台以自动驾驶汽车设计和应用场景为主体的有针对性且具体的伦理准则，并为自动驾驶汽车可能内嵌的算法设计伦理和算法本身应遵循的伦理路径进行详细的规定。对于自动驾驶汽车如何解决"电车难题"的困境，应在细则中规定，允许或鼓励自动驾驶汽车发展内嵌道德决策系统。内嵌道德决策系统不同于自主道德决策系统，具有内嵌道德决策系统的自动驾驶汽车，无论其内嵌的道德系统在场景判断及评估上有多强的"智能"，该系统也仅仅被视为自动驾驶汽车所具有的一项功能而非资格。自动驾驶汽车内嵌的道德决策应符合设计伦理，并能够保证其决策路径和过程透明化，通过专业审核机构测评合格后的自动驾驶汽车内嵌道德决策的决定权交由汽车所有者手中，在驾驶汽车前，自动驾驶汽车应以最为详细且准确的方式将可能应用场景中的决策和后果告知汽车所有者，由所有者在驾驶前决定或变更决策方案。可能会有人批评此类方案过于繁琐或不能穷尽所有场景及可能性，但对于如何平衡生命与道德，人类花了数千年的时间进行思考与改进，对于肩负着人类生命安全并有可能颠覆人类出行方式的智能交通工具来说，谨慎地实践并慢慢增加经验是非常必要的。

（三）以规范视角明晰自动驾驶汽车道德决策责任承担

应该在法律规范的框架下，以代价最小的方式对自动驾驶汽车自主道德决策问题予以规制。正如上文提到，自动驾驶汽车可以发展内嵌道德系统而非完全自主道德决策系统，解决此问题最好的方式并非强加自动驾驶汽车自主道德决策权，而是在现有法律规范的视角下，以最简便，也是最高效的方式为自动驾驶汽车的道德决策难题提供解决路径。在自动驾驶汽车内嵌道德系统的发展思路下，自动驾驶汽车无须承担主体法律责任，其在产品功能无瑕疵或缺陷的情况下，根据内嵌道德系统所作出的选择代表着汽车所有人的意愿，其责任分配根据现行法律体现即可解决。在自动驾驶汽车道德决策的问题上，人才是应该掌握决策、承担责任的主角。当一辆自动驾驶汽车出现了交通事故，首先可以通过专业委员会或相关部门对自动驾驶汽车的算法及道德程序进行检查，倘若汽车质量、算法或道德程序上存在缺陷，则根据设计人员或公司的主观恶性和客观行为，根据产品质量法、侵权责任法，甚至刑法等相关民事或刑事法律承担相应责任；倘若自动驾驶汽车算法或道德程序符合相关规定，则由选择作何种决策的司机根据其过失程度承担相应责任，在"电车困境"中，倘若司机事先选择保全自己性命，那么在汽车和五个小孩都没有疏忽或过错的情况下，就应该由司机承担相应的交通肇事责任；倘若汽车程序存在故障或五个小孩有过错，那么就根据各自过错大小承担责任。当然，自动驾驶汽车在真正的应用场景中可能遇到的道德决策问题还很多，本文无法一一列举，仅仅根据"电车难题"这一极端案例来阐述，尝试对于自动驾驶汽车完全自主道德决策、伦理决策的困境和解决思路。

结　论

社会必须相信人工智能技术能够给人带来的利益大于伤害，才有可能支持继续发展人工智能。[①] 若想对以人工智能技术为核心的自动驾驶汽车赋予信任，社会就必须在伦理与法律上达成共识。自动驾驶汽车的自主道德决策毫无疑问是人们关心的重要问题。本文试图为自动驾驶汽车面临"电车难题"这样的伦理困境时，赋予自动驾驶汽车自主道德决策权的必要性进行了分析。自

---

① 郭锐：《人工智能的伦理与治理》，载《人工智能》2019 年第 4 期。

动驾驶汽车的技术可能性不等同于其决策具有道德地位，短时间内没有必要赋予自动驾驶汽车道德地位，因其伦理决策可能与人类社会伦理不相适应，并可能引发社会混乱。应从规范的视角看待自动驾驶汽车的"电车难题"困境，鼓励自动驾驶汽车在技术伦理下发展内嵌道德系统，成立自动驾驶汽车专业审查委员会，对自动驾驶汽车设计者的技术理念和内嵌道德系统的算法予以监管，并将真正的道德决策交由人类自己来作决定。人类创造自动驾驶汽车的目的是服务人类，在无法确认自动驾驶汽车完全自主道德决策的伦理是否会对社会带来损害之前，学者和公众有必要对赋予自动驾驶汽车完全自主道德决策权利的必要性予以清醒、审慎地思考，只有这样，才能真正发展出人类所期望的人工智能。

（责任编辑　仲丹阳）

我国大陆人民法院民商事判决在台湾地区认可与执行之障碍分析及对策研究

彭先琦[*]

摘　要: 台湾地区"最高法院"于 2007 年作出第 2531 号判决并否认大陆人民法院判决具有既判力, 此后, 大陆人民法院判决在台湾地区难以得到认可与执行, 致使诉讼当事人的司法救济途径被束之高阁。本文以第 2531 号判决为切入点, 分析大陆人民法院判决在台湾地区认可与执行中的障碍, 即判决的既判力问题、公共秩序保留的适用问题以及认可模式的选择问题。通过推动台湾地区"最高法院"作出新的判决、修订"两岸人民关系条例"第 74 条以及建立两岸司法互助机制, 以贯通两岸间法院判决的认可与执行路径。

关键词: 民商事判决　认可与执行　区际法律冲突

前　言

自两岸恢复经贸交往以来, 台湾地区于 1992 年出台"台湾地区与大陆地区人民关系条例"(以下简称"两岸人民关系条例") 以处理与大陆往来中所涉之法律纠纷。而随着两岸"三通"的实现, 大陆人民法院受理涉台案件的数量与日俱增, 两岸对于民商事纠纷的解决机制有了更高的要求, 而民商事判决的认可与执行机制, 无疑是诉讼当事人行使司法救济权的保障。我国内地与香港、澳门之间的司法协助已经取得了较大进展, 并已就相互认可与执行民商事判决达成双边安排, 而与台湾地区的司法协助却仍止步不前, 台湾地区"最高法院"更是作出 96 年度台上字第 2531 号判决和 97 年度台上字第 2376 号判决, 否认大陆人民法院判决在台湾地区的既判力, 而仅具有执行力, 致使

---

　*　彭先琦, 中国政法大学国际法学院硕士。

大陆人民法院判决在台湾地区难以得到认可与执行。大陆人民法院判决的既判力、公共秩序保留的适用以及认可模式的选择是阻碍台湾地区认可与执行大陆人民法院判决的主要因素，本文拟通过对上述问题进行分析，探寻解决对策，以期为两岸司法方面的联系与协作提供行之有效的法律保障。

一、台湾地区认可与执行大陆人民法院民商事判决的司法现状

（一）台湾地区"最高法院"第 2531 号判决作出之前

1992 年 7 月 31 日，台湾地区"立法院"颁布"两岸人民关系条例"，其中第 74 条规定，向台湾地区法院申请认可与执行之大陆人民法院裁决，需符合以下条件：（1）为大陆人民法院作出之确定裁决；（2）不违反台湾地区之公共秩序。由于该规定在实践中操作难度较大，台湾地区"司法院"又在第 74 条的基础上作出补充解释：（1）依台湾地区之"法律"，大陆人民法院之判决违反专属管辖者，因与公益有关，不予认可；（2）认可大陆人民法院之判决及审查其判决内容不违背台湾地区公共秩序或善良风俗；（3）公共秩序或善良风俗原系不确定之法律概念，是否违背该规定应就具体个案来探究，并应注意下列各事项：①依台湾地区"宪法"保障人民基本权利之原则；②应注意保障台湾地区人民福祉之原则；③大陆人民法院之判决违反台湾地区法律强制禁止规定者，得视个别具体情形认定是否有违公序良俗。① 在"两岸人民关系条例"出台后，因大陆一直未积极进行回应，台湾地区于 1997 年 4 月对"两岸人民关系条例"第 74 条进行修订，在原条文基础上增加第 3 款，即要求认可大陆人民法院判决必须以互惠对等为前提。台湾地区认可与执行大陆人民法院判决由单方立法认可转为以互惠对等认可为前提。1998 年 5 月 6 日，台湾地区又对"两岸人民关系条例实施细则"进行修订，在第 54 条（现行第 68 条）中规定，申请认可的大陆人民法院判决必须交由台湾地区"行政院"指定的社会团体进行验证，即海峡交流基金会（以下简称"海基会"）。②

自台湾地区颁布"两岸人民关系条例"以来，台湾地区首开认可大陆人

---

① 参见《台"司法院"提出大陆判决台方许可准则》，载台湾地区"中国时报"1993 年 4 月 22 日。

② 台湾地区"司法院"80.7.8（80）院台厅一字 05019 号函称：大陆地区非属外国，其委托协助事件，无外国法院委托事件协助法之适用，其直接委托台湾地区法院调查证据，尚乏法律可据，兹"行政院"大陆委员会已委托海基会处理两岸之中介事务，则有关司法协助事项，宜经由该会中介办理。

民法院判决的先河。1995 年 9 月 20 日，台湾地区板桥地方法院首次根据"两岸人民关系条例"第 74 条作出 84 年度家声字第 24 号裁定认可了南京市中级人民法院（1994）宁民初字第 104 号离婚判决。1996 年 1 月，台湾地区桃园地方法院作出裁决，认可了厦门市中级人民法院作出的判定被告因侵权行为而支付损害赔偿金的判决，① 此为台湾地区首次认可大陆人民法院关于支付赔偿金的判决。1999 年，台湾地区板桥地方法院认可了海口市中级人民法院作出的有关债权债务纠纷的判决，并可在台湾地区申请强制执行。② 至此，大陆人民法院判决得以在台湾地区申请强制执行。据统计，从 1998 年至 2006 年，大陆当事人向台湾地区地方法院申请认可的案件总数为 1286 件，获得认可的大陆民事判决书、调解书和仲裁文书总计 1151 件，被驳回 128 件，移送 7 件，认可率高达 90%。其中，离婚判决书 1137 件，占获认可数的 98.7%。③

（二）台湾地区"最高法院"第 2531 号判决作出之后

然而，在浙纺公司与长荣公司纠纷案中④，台湾地区"最高法院"于 2007 年 11 月作出 96 年度台上字第 2531 号民事判决，否认大陆人民法院判决具有既判力，而仅具有执行之效力，案件当事人可依"强制执行法"第 14 条第 2 项⑤提起执行异议之诉。该案几经反复，历经台湾地区三级法院多达 8 次的审理。在该案中，浙纺公司在取得上海法院的胜诉判决后⑥，向台湾地区桃园地方法院申请认可与执行，台湾地区桃园地方法院于 2004 年 8 月作出裁定

---

① 参见王冠玺、周翠：《两岸民事判决的认可与执行问题研究》，载《法学研究》2010 年第 3 期。

② 即"台湾哲彦机械股份有限公司和海南省工业开发总公司的债权债务纠纷案"，参见林振通：《两岸相互认可和执行民事判决的实践与思考》，载《人民司法·应用》2010 年第 5 期。

③ 宋锡祥：《海峡两岸民商事司法协助的现状、面临的困境及其解决途径》，载《台湾研究集刊》2013 年第 6 期。

④ 基本案情：2000 年底伊拉克政府高等教育及科研部向取得联合国进口许可证的 AAF 公司订购校服一批，AAF 公司遂辗转向香港的凯琳国际有限公司购买，而凯琳公司再向浙江省纺织品进出口集团有限公司购买校服，浙纺公司为履行本合同，多方辗转后最终委托立荣海运股份有限公司运输提单项下价值 260 多万美元的服装至伊拉克，立荣公司在将校服送至伊拉克后，依伊拉克当地及联合国禁运措施的相关规定，将货物交由伊拉克国家水运公司代转予收货人伊拉克高教部，伊拉克高教部收到货物后，经由巴黎银行付款给 AAF 公司，而 AAF 公司事后并没有将该款项转给凯琳公司，致使凯琳公司也没有向浙纺公司支付货款，浙纺公司随后在上海起诉立荣公司，要求赔偿 260 万美元的货款损失和 636 万元人民币的其他损失。

⑤ 台湾地区"强制执行法"第 14 条第 2 项规定：执行名义无确定判决同一之效力者，于执行名义成立前，如有债权不成立或消灭或妨碍债权人请求之事由发生，债务人亦得于强制执行程序终结前提起异议之诉。

⑥ 参见上海海事法院（2001）沪海法商初字第 441 号民事判决书、上海市高级人民法院（2003）沪高民四（海）终字第 39 号民事判决书。

认为："该判决不违背台湾地区之公共秩序或善良风俗，且经大陆公证处公证及海基会认证，该申请符合台湾地区之法律，应予准许。"① 而后，长荣公司不服，先后向台湾地区"高等法院"与"最高法院"提起抗告，台湾地区"高等法院"② 与台湾地区"最高法院"③ 均驳回了长荣公司的抗告。该案件在台湾地区进入实际执行阶段。

在执行程序开始后，长荣公司不服台湾地区法院作出的一系列判决，于2005 年 7 月，向台湾地区桃园地方法院提起债务人异议之诉，请求法院撤销执行程序。认为：经台湾地区法院裁定认可后的大陆人民法院民事判决，仅属"强制执行法"第 4 条第 1 款第 6 项④之执行名义，并无确定判决同一之效力，在裁定前有债权不成立事由，或裁定后有消灭、妨碍债权事由，均可提起债务人异议之诉，申请台湾地区法院重新审理。随后，台湾地区桃园地方法院作出民事裁定，否定了长荣公司的主张，认为："两岸之间的法律冲突属于区际间的法律冲突，应采取'礼让原则'和'互惠原则'，形式审查大陆人民法院作出之确定判决是否违背台湾地区之公共秩序或善良风俗。审查所需考虑者不应是判决是否由大陆人民法院作成，或是由台湾地区法院作成，而是考量法院判决之程序是否足以确保台湾地区居民依照台湾地区'宪法'所保障之权利，即平等而充分地去论证其权利之程序上保障，不因判决由大陆人民法院作成而不具既判力，经认可后的大陆人民法院判决与台湾地区法院确定判决同一之效力。"⑤ 而后，长荣公司向台湾地区"高等法院"提起上诉，2007 年 7 月 4日，台湾地区"高等法院"驳回长荣公司的上诉请求，并表明："对于大陆人民法院判决的认可，台湾地区法院应形式审查是否违反台湾地区的公共秩序，以礼让原则尊重大陆人民法院的判决，而不能就同一案件重新起诉，禁止再诉及重为实体审查。"⑥

长荣公司不服二审裁定，向台湾地区"最高法院"提起第三审上诉，2007 年 11 月 15 日，台湾地区"最高法院"作出第 2531 号民事判决，将原审

---

① 参见台湾地区桃园地方法院 93 年度声字第 1032 号民事裁定。
② 参见台湾地区"高等法院"93 年度抗字第 3089 号民事裁定。
③ 参见台湾地区"最高法院"94 年度台抗字第 389 号民事裁定。
④ 台湾地区"强制执行法"第 4 条第 1 款规定，强制执行，依左列执行名义为之：（1）确定之终局判决；（2）假扣押、假处分、假执行之裁判及其他依民事诉讼法得为强制执行之裁判；（3）依民事诉讼法成立之和解或调解；（4）依公证法规定得为强制执行之公证书；（5）抵押权人或质权人，为拍卖抵押物或质物之声请，经法院为许可强制执行之裁定者；（6）其他依法律之规定，得为强制执行名义者。
⑤ 参见台湾地区桃园地方法院 94 年度重诉字第 208 号民事判决。
⑥ 参见台湾地区"高等法院"96 年度重上字第 175 号民事判决。

判决废弃，发回重审。认为："（1）台湾地区的有关规定并未规定大陆人民法院的民事裁判与确定判决有同一效力；（2）大陆人民法院判决属台湾地区'强制执行法'第4条第1款第6项规定之执行名义，而非确定判决；（3）台湾地区对大陆人民法院民事判决的认可采裁定认可执行制，而非认可外国及港澳判决所适用之自动承认制；（4）经认可后的大陆人民法院判决不具有既判力，仅具有执行力；（5）债务人在发现债权债务关系不成立、消灭或妨碍债权人请求事由发生，可于强制执行程序终结前，向台湾地区法院提出债务人异议之诉。"①

在原判决被废弃发回重审后，台湾地区"高等法院"就"争议债权是否存在"进行实质审查，最终判决驳回了浙纺公司对长荣公司的强制执行请求，长荣公司全部胜诉，该判决认定："经认可的大陆人民法院裁判仅系'强制执行法'第4条第1款第6项之执行名义，并无与确定判决同一效力。"② 在台湾地区"高等法院"判决作出后，浙纺公司向台湾地区"最高法院"提起上诉，台湾地区"最高法院"驳回其上诉请求，且进一步认为："不论大陆人民法院判决中是否对诉讼标的以外的当事人主张的重大争议焦点作出实体上的认定，在台湾地区都不适用争点效原则。台湾地区法院可自行审理，作出不同之判决，而不受大陆人民法院判决之约束。"③ 第2531号判决确立了台湾地区法院认可与执行的大陆人民法院判决的三大指导原则：一是大陆人民法院判决非确定判决；二是大陆人民法院判决不具有既判力，仅具有执行力；三是台湾地区对大陆人民法院民事判决采裁定认可制，而非与外国及港澳判决所适用之自动认可制。

该判决颠覆了台湾地区过往司法判例中基本认可大陆人民法院判决既判力的观点，在海峡两岸立即引起广泛争议，台湾地区法学界和司法界舆论哗然，意见不一。许多学者认为台湾地区"最高法院"释法错误，更有甚者认为此系"两岸判决相互承认法制之后退"④。第2531号及系列判决的出台对台湾地区"司法机关"审理认可与执行大陆人民法院判决影响深远：（1）败诉的当事人可在被申请强制执行时，依据台湾地区"强制执行法"第14条第2项提起债务人异议之诉；（2）败诉当事人可以就同一案件在台湾地区重新提起诉讼，或者提起与大陆人民法院判决内容相抵触的确认之诉；（3）在大陆人民

---

① 参见台湾地区"最高法院"96年度台上字第2531号民事判决。
② 参见台湾地区"高等法院"96年度重上更（一）字第210号民事判决。
③ 参见台湾地区"最高法院"97年度台上字第2376号民事判决。
④ 参见黄国昌：《一个美丽的错误：裁定认可之中国大陆判决有无既判力——评台湾地区"最高法院"2007年度台上字第2531号判决》，载《月旦法学杂志》2009年第4期。

法院审理案件时，当事人就同一事件向台湾地区法院起诉的，台湾地区法院不能依据台湾地区"民事诉讼法"第 182 条之 2①停止诉讼程序。此后，台湾地区法院在多起案件中对经裁定认可的大陆人民法院判决进行实质审查，不认可其具有既判力。如台湾地区"高等法院"在 98 年度重上字第 720 号民事判决②和 100 年度重上字第 485 号民事判决③中均以相同理由不认可与执行宁波市中级人民法院和南京市中级人民法院作出的判决。至今，大陆人民法院民事判决的既判力仍未在台湾地区得到认可，而是仅具有执行力，台湾地区有关法院有权对当事人之间的争议进行实质审查，并可作出与大陆人民法院判决内容相反之裁决。

二、台湾地区认可与执行大陆人民法院民商事判决中的障碍

两岸在认可与执行对方民商事判决的司法实践中，大陆主要参考其与香港、澳门之间的认可与执行制度，定位于区际间的司法协助来认可与执行台湾地区的民事判决，并给予程序上的极大便利。台湾地区对于大陆人民法院民商事判决的认可与执行，相比于其对港澳地区及外国民事判决的认可和执行，在判决既判力、公共秩序保留的适用、认可模式等方面均作出不同规定，甚至有悖于不同法域间判决认可与执行制度的一般原理。

（一）认可后判决的效力——既判力或执行力

一般而言，判决具有诉讼内拘束力、形式上确定力、既判力（实质上确定力）、执行力等效力。不同法域在承认外法域判决时，尤以判决既判力最为重要。既判力，是指法院在作出确定判决后，该判决即对法院及当事人都具有强制约束力。主要表现为当事人既不能就同一案件重复起诉，也不能提出矛盾主张；法院亦不能就同一案件作出矛盾判决。④

1. 台湾地区认为大陆人民法院判决仅具有执行力

在台湾地区"最高法院"于 2007 年作出第 2531 号判决之前，台湾地区的

---

① 台湾地区"民事诉讼法"第 182 条之 2 规定：当事人就已系属于外国法院之事件更行起诉，如有相当理由足认该事件之外国法院判决在台湾地区有承认其效力之可能，并于被告在外国应诉无重大不便者，法院得在外国法院判决确定前，以裁定停止诉讼程序。但两造合意愿由台湾地区法院裁判者，不在此限。

② 参见台湾地区"高等法院"98 年度重上字第 720 号民事判决。

③ 参见台湾地区"高等法院"100 年度重上字第 485 号民事判决。

④ 江伟：《民事诉讼法专论》，中国人民大学出版社 2005 年版，第 80 页。

理论界与实务界均认为，经台湾地区法院裁定认可后的大陆人民法院判决具有既判力。早在"两岸人民关系条例"施行之前，张特生教授即认为应该准用台湾地区"民事诉讼法"第 402 条①规定，审认大陆人民法院判决之效力。②刘铁铮大法官、陈荣传教授认为，台湾地区认可的大陆人民法院裁判，因其已由大陆人民法院依据法律作出，其本身具有既判力，并不因在台湾地区被申请认可而丧失，台湾地区法院也不能对此作出新的判决。③赖来焜教授认为，根据台湾地区的有关规定，大陆人民法院判决需要经过一定的程序，才能被台湾地区法院认可，但这并不意味着大陆人民法院判决在台湾地区不产生效力。④

2007 年 11 月，台湾地区"最高法院"作出 96 年度台上字第 2531 号民事判决，否认大陆人民法院判决具有既判力，而仅具有执行之效力，案件当事人可依"强制执行法"第 14 条第 2 项在台湾地区提起执行异议之诉。第 2376 号判决亦认为，案件当事人可以就同一案件在台湾地区重新提起诉讼，或者提起与大陆人民法院判决内容相抵触之确认之诉，台湾地区法院可作出与大陆人民法院判决相矛盾之裁决。然而，对于台湾地区"最高法院"的观点，台湾地区多数学者并不认同：例如，陈长文认为："台湾地区'最高法院'的这一判决，会增加当事人之诉累，不仅损害了当事人的权益，更玷污了司法的尊严。"⑤黄国昌也指出："台湾地区'最高法院'之判决既不承认大陆人民法院判决的既判力，又允许当事人就同一案件重新起诉，这将致使法院判决不具有确定性，有损于司法公信力，不利于解决当事人之间的法律争议，实为两岸判决相互承认法制之后退，需仔细斟酌。"⑥然不论台湾地区各界如何看待第 2531 号判决，该判决所确立的"经认可的大陆人民法院判决只具有执行力而无既判力"这一观点已经成为台湾地区法院的指导原则。

---

① 台湾地区"民事诉讼法"第 402 条规定：外国法院之确定判决，有下列各款情形之一者，不认其效力：（1）依台湾地区之"法律"，外国法院无管辖权者；（2）败诉之被告未应诉者。但开始诉讼之通知或命令已于相当时期在该国合法送达，或依台湾地区"法律"上之协助送达者，不在此限；（3）判决之内容或诉讼程序，有背台湾地区之公共秩序或善良风俗者；（4）无相互之承认者；前项规定，于外国法院之确定裁定准用之。

② 转引自伍伟华：《经台湾地区法院裁定认可确定之大陆民事确定裁判及仲裁判断是否有既判力？——"最高法院"96 年度台上字第 2531 号判决、97 年度台上字第 2376 号判决之分析》，载《台大法学论丛》2008 年第 4 期。

③ 刘铁铮、陈荣传：《国际私法论》（修订 4 版），三民书局 2008 年版，第 684 页。

④ 赖来焜：《强制执行法总论》，元照出版社 2007 年版，第 751 页。

⑤ 陈长文：《两岸司法互助闭门造车的"最高法院"兄弟们》，载《台湾联合报》2008 年 4 月 27 日。

⑥ 黄国昌：《一个美丽的错误：裁定认可之中国大陆判决有无既判力——评台湾地区"最高法院"2007 年度台上字第 2531 号判决》，载《月旦法学杂志》第 167 期。

2. 既判力问题的成因

一般来说，各个国家或地区会依据双方签署或者参加的条约来承认外法域法院的判决。在双方不存在条约的情形下，会根据礼让原则和互惠原则，承认外法域法院的判决，即承认外法域法院判决在本法域内的效力。

对于台湾地区而言，台湾地区法院在认可与执行外国及港澳民事判决时，均认可该等民事判决具有既判力。而对同属于一国内不同法域的大陆人民法院判决，台湾地区法院却是区别对待，否认大陆人民法院判决的既判力。诚然，"两岸人民关系条例"中并没有指出经台湾地区法院裁定认可的大陆人民法院判决具有既判力，大陆相关法律规定中也未有关于既判力术语的规定，但这并不能否认大陆人民法院作出的判决具有既判力。台湾地区"最高法院"的第2531号判决及其部分支持者认为大陆人民法院判决不具有既判力，缘依其之见：（1）根据《中华人民共和国民事诉讼法》（以下简称民事诉讼法），大陆人民法院所作出之生效民事判决本身亦不具有既判力；（2）大陆再审规定过于宽松（如提起主体范围过广、除了当事人申请再审外并无提起再审之期间限制、再审事由过于广泛、次数无限制），大陆法官素质不高，其他党政机关影响法官判决等；（3）根据大陆的政治体制，大陆人民法院所受之干预影响较多，大陆法官无独立审判之理念、缺乏身份保障，且选拔和任免带有政党色彩，不能代表人民的意志和保障人民的利益，因此大陆人民法院判决不符合"正当程序"之最低要求。① 然而事实并非如此，台湾地区法院和学者会有此观点，既因对大陆有关法律制度不了解，亦基于对大陆司法制度的不信任以及将法律问题政治化。台湾地区学者的观点既与当前国际通行的做法相悖，也存在将大陆司法制度污化之嫌。即使在两党轮流执政的美国，其各级法院的法官大多带有政党色彩，但并不妨碍他们居中裁判，作出符合正当程序要求的判决。

大陆相关法律规定虽然没有对既判力作出明确规定，但是却在多个方面均对判决的效力进行了阐述，此与台湾地区法院所称之既判力的性质和作用几乎一致。《民事诉讼法》第155条规定，"最高人民法院的判决、裁定，以及不准上诉或者超期没有上诉的判决、裁定，是发生法律效力的判决、裁定"。第175条又规定，法院的二审判决、裁定为终审判决、裁定。此处的"发生法律效力的判决"和"终审判决"与台湾地区"民事诉讼法"和"两岸人民关系

---

① 参见王钦彦：《中国大陆人民法院判决效力之承认与宪法之诉讼权保障》，载《台湾成大法学》2012年第23期；黄国昌：《一个美丽的错误：裁定认可之中国大陆判决有无既判力——评台湾地区"最高法院"2007年度台上字第2531号判决》，载《月旦法学杂志》第167期。

条例"中所称的"确定判决"为同一含义，应被理解为法院确定判决。《民事诉讼法》第 236 条规定当事人必须履行发生法律效力的法院裁决。由此可见，大陆人民法院的生效判决具有拘束当事人行为的作用，当事人不能再重新起诉，类似于既判力的消极作用———一事不再理。《民事诉讼法》第 150 条关于中止诉讼的规定中又指出：在另一案尚未审结时，如果一案必须以该另一案的审理结果作为判案依据，则应中止诉讼。可见，法院的后诉判决必须以相关的前诉判决结果为基础，这又与既判力的积极作用相似，即前诉法院有既判力的判决中对先决法律关系的确认，对后诉法院有拘束力，后诉法院不得作出与之相矛盾的判决。① 最高人民法院《关于适用〈中华人民共和国民事诉讼法〉的解释》第 93 条第 5 项规定当事人无须举证证明，已被法院生效判决确认的事实。亦从另一方面证明大陆人民法院在司法实践中承认生效判决的预决效力。由此可知，大陆民事诉讼法及其司法解释虽然没有列明有关既判力的规定，但实质上承认或者肯定生效判决或者终审判决具有既判力效果。而海峡两岸政治制度的不同，不应成为两岸判决认可与执行中的障碍，只要大陆人民法院是依据正当的法律程序，居中裁判，其作出判决的既判力就应被认可。从法律规定和司法实践来看，大陆人民法院作出的判决完全符合正当程序的要求，其判决既判力理应被台湾地区法院认可。

在与我国签署民事司法协助条约并已生效的国家中，如俄罗斯、意大利，大陆人民法院的判决均得到了承认和执行，即使在尚未与我国签署双边司法协助条约的国家，如美国、德国，也无一例外。② 而两岸司法方面的联系与协作应该要宽于国家间的司法协助，大陆不论是法律规定还是司法实践中均已认可台湾地区法院判决具有既判力。2019 年，最高人民法院在《关于为深化两岸融合发展提供司法服务的若干措施》中更是重申了经裁定认可的台湾地区民事判决，与人民法院的生效判决具有同等效力。台湾地区法院与部分学者仅以大陆相关法律规定中无既判力的规定，就否定大陆人民法院判决的既判力，实有过于武断之嫌。台湾地区法院和部分学者不应对大陆的司法制度存有偏见，而应以充分尊重和信任来处理两岸间的判决认可与执行，不管是基于互惠还是礼让原则，均应考虑认可大陆人民法院判决之既判力。

---

① 翁晓斌、宋小海：《既判力：理论解读与检讨》，载《南京大学法律评论》2002 年第 2 期。
② 参见马琳：《析德国法院承认中国法院民商事判决第一案》，载《法商研究》2007 年第 4 期；谢新胜：《条约与互惠缺失时中国判决的域外执行——以美国法院执行中国民商事判决第一案为视角》，载《环球法律评论》2010 年第 4 期。

（二）公共秩序保留的适用——形式审查或实质审查

公共秩序，主要指一个国家或社会的重大利益或法律和道德的基本原则。各个国家和地区对于公共秩序的称呼各不一致，大陆法系国家称之为公共秩序；英美法系国家称之为公共政策；在我国则称为社会公共利益。作为国际私法古老制度之一的公共秩序保留制度，各国学者和各国法律对其定义也都各不相同，被大家普遍接受的一种说法是：公共秩序保留是指一国法院依其冲突规范本应适用外国法时，因其适用会与法院地的重大利益、基本政策、道德的基本观念或法律的基本原则相抵触而排除其适用的一种制度。①

1. 台湾地区实质审查

公共秩序保留的适用标准，国际私法学说中有"主观说"与"客观说"两种主张。②"主观说"认为，只要所应适用的准据法本身规定与法院地国或执行地国的公共秩序相抵触，就应拒绝承认与执行该外国裁决。该学说着重强调外国法律本身的有害性，而不注重法院地或执行地国的公共秩序是否实际受到损害。"客观说"包括"联系说"与"结果说"。"客观说"，特别是其中的"结果说"，更强调承认和执行外国裁决的结果和法律影响。按此标准，执行国法院不能以外国裁决所适用法律与本国公共秩序不一致为由拒绝执行裁决，只有在承认和执行裁决会导致危害执行国利益的实质性结果时，才能运用公共秩序保留拒绝执行。大多数学者认为"客观说"（尤其"结果说"）较"主观说"合理，因而为各国司法实践所采用。台湾地区对于公共秩序保留的适用则更为宽泛，早在"两岸人民关系条例"中，台湾地区就将"不违背台湾地区的公共秩序或善良风俗"作为认可大陆人民法院民事判决或仲裁裁决的唯一条件。1993 年，台湾地区"司法院"对于"不违背公序良俗"作出进一步解释，指出公共秩序属于不确定性的法律概念，台湾地区法院在审理时应主要考虑台湾地区人民的基本权利、台湾地区人民的利益、台湾地区的强制性规定等三个方面。台湾地区"民事诉讼法"第 402 条〔外国法院之确定判决，有下列各款情形之一者，不认其效力：……（3）判决之内容或诉讼程序，有背台湾地区之公共秩序或善良风俗者。〕则从公共秩序的实体和程序两个方面来规范外国法院判决的承认和执行，不仅审查判决的内容是否违反台湾地区的公共秩序，而且审查判决作出的程序是否违反台湾地区的公共秩序，更偏向于对外法域法院的判决进行实质审查。

---

① 赵相林主编：《国际私法》（第四版），中国政法大学出版社 2014 年版，第 117 页。
② 冯霞：《涉港澳台区际私法》，中国政法大学出版社 2012 年版，第 151 页。

而台湾地区法院在认可大陆人民法院判决的司法实践中对于公共秩序或善良风俗内涵的认定及适用则要比台湾地区"民事诉讼法"第 402 条的规定更为广泛：（1）台湾地区法院会直接或者间接以大陆人民法院裁决作出的程序违背台湾地区的公共秩序为由而不予认可。如台湾地区"高等法院"在 92 年度家抗字第 355 号判决中就以"台湾地区居民因在监狱服刑，在收到法院传唤后无法正常出庭参加诉讼，大陆人民法院以法院履行了合法的传唤程序，作出缺席判决。大陆人民法院在此案中的诉讼程序违反了台湾地区的公共秩序"① 为理由拒绝认可大陆人民法院之判决。（2）台湾地区法院会审查大陆人民法院裁判的内容是否违反台湾地区的有关规定，以此作为大陆人民法院判决是否违反台湾地区公序良俗的标准。例如，对于大陆人民法院离婚判决的认可，一般均审查大陆人民法院作出判决时所依据的法律是否违反台湾地区"民法典"第 1052 条②的规定；对于涉及子女抚养的大陆人民法院判决，台湾地区法院则审查大陆人民法院作出判决时所依据的法律是否符合台湾地区"民法典"第 1055 条③的规定④，如台湾地区台北法院 83 年度家声字第 572 号民事裁定。台湾地区在认可大陆人民法院判决时，不仅要审查判决的内容是否违反公序良俗，还要审查判决作出的程序是否违反公序良俗。大陆人民法院在公共秩序保留的适用上则采用"结果说"，仅对申请认可与执行的台湾地区法院判决进行形式审查，即被认可后的台湾地区法院判决是否违反大陆的公共

① 参见台湾地区"高等法院"92 年度家抗字第 355 号判决。
② 台湾地区"民法典"第 1052 条规定：夫妻之一方，有下列情形之一者，他方得向法院请求离婚：（1）重婚者。（2）与人通奸者。（3）夫妻之一方受他方不堪同居之虐待者。（4）夫妻之一方对于他方之直系尊亲属为虐待，或受他方之直系尊亲属之虐待，致不堪为共同生活者。（5）夫妻之一方以恶意遗弃他方在继续状态中者。（6）夫妻之一方意图杀害他方者。（7）有不治之恶疾者。（8）有重大不治之精神病者。（9）生死不明已逾三年者。（10）被处三年以上徒刑或因犯不名誉之罪被处徒刑者。有前项以外之重大事由，难以维持婚姻者，夫妻之一方得请求离婚。但其事由应由夫妻之一方负责者，仅他方得请求离婚。
③ 台湾地区"民法典"第 1055 条规定：（1）夫妻离婚者，对于未成年子女权利义务之行使或负担，依协议由一方或双方共同任之。未为协议或协议不成者，法院得依夫妻之一方、主管机关、社会福利机构或其他利害关系人之请求或依职权酌定之。（2）前项协议不利于子女者，法院得依主管机关、社会福利机构或其他利害关系人之请求或依职权为子女之利益改定之。（3）行使、负担权利义务之一方未尽保护教养之义务或对未成年子女有不利之情事者，他方、未成年子女、主管机关、社会福利机构或其他利害关系人得为子女之利益，请求法院改定之。（4）前三项情形，法院得依请求或依职权，为子女之利益酌定权利义务行使负担之内容及方法。（5）法院得依请求或依职权，为未行使或负担权利义务之一方酌定其与未成年子女会面交往之方式及期间。但其会面交往有妨害子女之利益者，法院得依请求或依职权变更之。
④ 参见李继：《台湾地区法院认可大陆地区民事裁判的现状和启示》，载《人民司法·应用》2009 年第 13 期。

秩序。

2. 公共秩序保留适用差异之成因

台湾地区与大陆在公共秩序适用上的差异，不仅缘于两岸之间的历史原因和复杂关系，也因公共秩序本身具有不确定性。主要表现为：（1）两岸长期对峙，致使大陆与台湾地区形成了不同的法律制度和法律体系，复杂的法律冲突不仅表现为法律制度上的冲突，还表现为法律冲突中的政治色彩，这使得两岸之间的法律冲突超越了任何一个复合法域国家的区际法律冲突，且由于两岸当前关系的特殊性，该种法律冲突也和内地与香港、澳门之间区际法律冲突不完全一致，① 导致两岸法律规范中存在部分不为对方法律所容忍的规定，两岸法院在作出民事确定判决时，极易发生有损于对方公共利益的情形，从而增加了适用公共秩序保留制度的可能性。（2）我国大陆和台湾地区之间既没有制定适用于全国的统一区际冲突法，也没有类似于美国《联邦宪法》中的"充分信任与尊重"条款②，亦没有签署官方的司法协助安排来解决两岸之间的法律冲突，而是采取单边立法的方式，这就使得两岸在适用公共秩序保留时处在一种近似于无序的状态。由于两岸缺乏共同的法律基础，也没有完全承认对方法律在本法域内的效力，致使两岸在公共秩序的规定上差异较大。（3）公共秩序或善良风俗本身并非为确定的概念。首先，其在内容上具有模糊性。两岸对公共秩序并没有规定具体的标准，法院在适用时可能会无所适从，不同法院可能会对同一份判决的认可申请作出不同的裁决。其次，其在适用上具有不确定性。公共秩序或善良风俗并非一成不变，可能过去不违反法律的事实或问题如今违反法律；同样，过去属于违反法律的事实或问题如今可能不违反法律。最后，其在适用上具有主观性。两岸法院在实践中如何适用公序良俗，取决于法官的自由裁量，这也使得两岸法院在认可对方判决时会出现差别适用公序良俗的情形。

公共秩序保留作为两岸互相认可与执行对方法院民商事判决的原则之一，也是各法院审查外法域法院判决认可与执行申请的主要依据。但双方对于公共秩序保留的适用，并没有统一的标准，大陆人民法院在适用时普遍采用"结

---

① 于飞：《公共秩序的适度适用——以两岸相互认可与执行法院判决和仲裁裁决为视角》，载《台湾研究集刊》2010 年第 3 期。

② *See Constitution of the United States* Article IV Section 1：Each State to give credit to the public acts, etc. of every other State："Full faith and credit shall be given in each state to the public acts, records and judicial proceedings of every other state. And the Congress may by general laws prescribe the manner in which such acts, records and proceedings shall be proved, and the effect thereof."

果说"①；而台湾地区则没有限定的标准，导致台湾地区法院在审查大陆人民法院判决的认可申请时自由裁量权过大，容易出现地方保护的倾向，滥用该原则来作出不利判决，以致大陆人民法院民商事判决在台湾地区得不到认可与执行。

（三）认可模式——自动认可制或裁定认可制

海峡两岸在认可与执行民事判决方面，主要有"自动认可制"和"裁定认可制"两种模式。自动认可制，是指另一法域的确定判决在符合本法域法律所规定的承认要件时，自动发生认可的效果，本法域法院并不特别进行任何审查程序。裁定认可制，是指另一法域的确定判决必须经过本法域法院的审查，在作出认可裁定后方能发生认可的效果。

对于外国判决的承认与执行，台湾地区"民事诉讼法"第402条规定了承认外国判决的条件，但并未就承认外国判决的程序作特别规定，台湾地区学者与法院司法实践均认为此系对外国判决的承认采用自动认可制之故。② 自动认可制有利于不同法域间法院判决的承认，但也有可能会造成法律关系的不安定，因此，常用于只需承认而无须执行外国法院判决的情形。如果外国判决需在台湾地区执行，仍须依据台湾地区"强制执行法"第4-1条规定提起许可执行之诉，③ 可见，台湾地区有关规定中所定义的自动承认制并非是完全意义上的自动，在涉及财产给付内容时，则需要当事人重新向法院申请执行许可。根据台湾地区1997年施行的"香港澳门关系条例"第42条④规定，对于在香港和澳门作出之民事裁决，台湾地区法院参照"民事诉讼法"第402条之规定，认定其管辖和判决的效力，如需执行，准用"强制执行法"第4-1条的规定。可知，台湾地区对于外国及我国香港、澳门的判决，均采用自动认可制，以承认外国及我国香港、澳门判决为原则，以不承认为例外。

与自动承认外国及我国港澳判决的程序不同，台湾地区法院认可大陆人民

---

① 冯霞：《涉港澳台区际私法》，中国政法大学出版社2012年版，第151页。

② 陈启垂：《外国判决的承认与执行》，载《月旦法学杂志》第75期。

③ 台湾地区"强制执行法"第4-1条规定：依外国法院确定判决声请强制执行者，以该判决无"民事诉讼法"第402条各款情形之一，并经台湾地区法院以判决宣示许可其执行者为限，得为强制执行。前项请求许可执行之诉，由债务人住所地之法院管辖。债务人于台湾地区无住所者，由执行目标物所在地或应为执行行为地之法院管辖。

④ 台湾地区"香港澳门关系条例"第42条规定，在香港或澳门作成之民事确定裁判，其效力、管辖及得为强制执行之要件，准用"民事诉讼法"第402条及"强制执行法"第4条之1之规定。在香港或澳门作成之民事仲裁判断，其效力、声请法院承认及停止执行，准用"商务仲裁条例"第30条至第34条之规定。

法院判决则须经过一定的程序：（1）申请人向台湾地区法院提出认可申请；（2）该判决经由台湾地区"行政院"认可之民间团体，即"海基会"验证；（3）台湾地区法院在互惠对等的基础上审查大陆人民法院作出的裁判是否为确定裁判以及该裁判是否违反台湾地区的公共秩序与善良风俗；（4）台湾地区法院裁定认可，有给付内容的裁判得予以执行。可见，台湾地区法院对于大陆人民法院判决的认可模式为"裁定认可制"，而非认可外国及我国港澳判决所采用的"自动认可制"。并且台湾地区"最高法院"在第2531号判决中，也以"裁定认可制"为由不认可大陆人民法院判决的既判力，仅具有执行力。如果说台湾地区法院之前对认可大陆人民法院判决的模式尚不明朗的话，那第2531号判决则是明确表明了台湾地区法院的立场——裁定认可制。而且台湾地区法院在审查大陆人民法院判决的认可申请时，不仅对裁判的程序性瑕疵进行审查，还对大陆人民法院判决所认定的事实和适用的法律进行实质审查。根据国际私法的一般理论，区际间法院判决认可与执行的条件要比国家间法院判决承认与执行的条件少，审查程序和标准要更宽松，并且更容易达成司法互助。而台湾地区法院对大陆人民法院判决的认可模式却明显严于外国和我国香港、澳门，这一明显的区别对待，不仅给两岸的当事人造成诉累，还给两岸间判决的认可与执行增加了重重阻碍。

三、台湾地区认可与执行大陆人民法院民商事判决之协调机制构建

当前两岸虽然通过各自立法，解决了两岸判决认可与执行中的部分问题，但由于缺乏司法上的了解和信任，使得两岸之间司法方面的联系与协作仍然存在许多障碍。与世界上其他复合法域国家的区际司法协助不同，中国的区际司法协助比其他国家更复杂，也更困难，在构建两岸的区际司法协助机制时不能照搬国外的模式，而是应该结合我国的特殊国情，在"一个中国"原则的基础上，平等互信地寻找出合适的方式，协调两岸法院高效解决民商事判决认可与执行问题。

（一）推动台湾地区审判主管机构在个案中作出新的判决

在第2531号判决之前，台湾地区法院对于大陆人民法院判决的认可与执行，虽然在认可模式和认可判决的范围上都作出了与外国及我国港澳判决不一样的规定，但由于过往台湾地区法院都认可大陆人民法院作出的判决具有既判力，从而并没有在两岸法律界引起强烈的反响。台湾地区"最高法院"第2531号判决一经作出，既否定了大陆人民法院判决的既判力，又明确指出台

湾地区法院认可大陆人民法院判决的方式为"裁定认可制"。虽说这是台湾地区"最高法院"的个案判决，对台湾地区其他法院的裁判行为并无法律拘束力，但却被台湾地区各法院在审理认可大陆人民法院判决的案件中所参照援引。若能推动台湾地区"最高法院"在个案中作出新的判决，推翻第2531号判决的观点，承认经台湾地区法院裁判认可的大陆人民法院判决具有既判力，并表明台湾地区法院认可大陆人民法院判决的方式为"自动认可制"，且根据一事不再理原则，当事人不能再重新提起执行异议之诉。一则可以消除第2531号判决所带来的不利影响，使两岸判决的相互认可与执行制度回到正轨。二则可以作为"两岸人民关系条例"第74条的补充，指导台湾地区法院的司法审判工作。虽说这并不能形成司法判例，也不能约束台湾地区各级法院，使之成为审判的依据。但却简单易行，能够有效解决两岸当前判决认可与执行中的问题。

（二）推动修订"两岸人民关系条例"第74条

台湾地区"两岸人民关系条例"已有近十年未进行修订，台湾地区法院在审理认可与执行大陆判决的申请时，仍然是以"两岸人民关系条例"第74条为依据。台湾地区法院在适用第74条时，各法院产生了各种分歧，致使司法实践中存在不少障碍，若可以通过台湾地区"立委会"来推动修订"两岸人民关系条例"第74条在以下两方面进行修改，将可以从根本上消除大陆人民法院判决在台湾地区认可与执行时所受到的不合理限制。

一是参考台湾地区"香港澳门关系条例"第42条及"民事诉讼法"第402条的规定，明确经台湾地区法院裁定认可之大陆人民法院裁判具有既判力，而不仅仅是具有执行力。大陆已经明文规定其认可的台湾地区判决具有既判力，台湾地区法院不论是基于互惠对等原则还是从减少两岸人民的诉累出发，都应该认可大陆人民法院判决之既判力。这不仅可以使台湾地区法院有明确的法律依据，也能修正台湾地区第2531号判决带来的不利影响。

二是参考台湾地区"香港澳门关系条例"第42条及"民事诉讼法"第402条之规定，明确台湾地区法院认可大陆人民法院裁判之模式为"自动认可制"，而非"裁定认可制"。这样可避免台湾地区法院在审理认可大陆人民法院裁判的申请时进行实质审查，以至于产生"一事两诉"或者"矛盾判决"的情形。

（三）建立两岸司法互助机制

除了推动台湾地区修订"两岸人民关系条例"第74条外，两岸还可以从以下几个方面来建立两岸司法互助机制，以有效解决两岸间的司法协助问题。

1. 建立经常性的联系机制

两岸正是由于联系不够，才会导致台湾地区对大陆司法制度的不了解和不信任。两岸应该改变以往的做法，从解决两岸司法协助问题的角度出发，建立经常性的联系机制，开展定期会晤、定期互相通报新案情等工作，妥善处理两岸司法协助中的新问题，提高两岸区际司法协助的稳定性和规范性。同时，可以根据最高人民法院《关于为深化两岸融合发展提供司法服务的若干措施》的指导，推动大陆人民法院与两岸教学、科研机构共同建立两岸青年学生教学实践基地，积极打造两岸青年学生、青年法官的交流交往平台。

2. 充分发挥福建自贸区的作用

福建作为我国对台的前沿地带，不仅在经贸、文化、投资等往来有着独特的优势，而且由于其与台湾地区民俗文化相似，在很多方面比较容易达成一致，因此，在两岸司法互助上有着独特的地缘优势。福建省各级法院每年审理的涉台案件和司法协助案件数量全国最多，仅2018年就办理了4688件涉台司法协助案件。① 福建省在两岸司法互助方面有着一定的实践经验和互信基础，因此，福建省高级人民法院可以根据中央赋予的先行先试政策统筹谋划，利用其自贸区以及与台湾地区独特的"五缘"（地缘、血缘、文缘、法缘、商缘）优势，在两岸法院间先试行搭建直接对台交流平台。通过该平台，可以开展两岸法院间的观摩、学习、借鉴等工作，减少两岸法院间不必要的误解，增进两岸司法了解与司法互信，等待时机成熟，再在大陆法院系统中进行推广。部分缺少互信基础的两岸协议也可先在自贸区范围内试签署，等有一定经验积累后再在整个大陆范围推行，从而助力于推进两岸法院判决相互认可与执行。

3. 设立专门机构

两岸可以设立专门机构，即两岸民事司法协调机构，以协调处理两岸司法协助问题。该机构人员由全国各个省市和地区的涉台审判庭的法官、律师和学者等组成，鉴于福建的特殊地理优势，该协调机构可设立在福建自贸区内，由福建省高级人民法院牵头。该机构的主要工作为：（1）在授权的范围内与台湾地区相关法院或者部门进行沟通、协商，处理两岸司法协助事宜；（2）协调福建自贸区或各省、自治区、直辖市的司法机构与台湾地区司法机构的会晤、沟通等工作，以实现定期会晤的目的；（3）协调解决两岸民事司法协助中出现的新情况、新问题，将涉台法律事务中出现的新情况进行研究整

① 参见福建法院网，载 http：//fjfy. chinacourt. gov. cn/article/detail/2019/01/id/3706865. shtml，最后访问日期：2019年6月25日。

理，为两岸司法协助问题研究提供参考资料，并为进一步的司法实践提供帮助；（4）组织两岸法学会、两岸关系协会等民间团体的交流合作。

结　论

当前由于两岸的政治分歧以及文化和社会制度上的差异，致使两岸官方的司法协助步履维艰，两岸之间的法律纠纷将长期并复杂地存在。虽然在国外已有许多成熟的区际司法协调模式可借鉴，但都是在国家完全统一且同一种社会制度下的区际司法协助。而中国目前尚未实现完全统一，大陆和台湾地区分别实行不同的社会制度，在解决两岸法律冲突时不能照搬国外模式，而是要结合当前国情，找出适合两岸现状及发展的模式。两岸必须在"九二共识"的基础上，坚持"一个中国"原则，以充分尊重与信任为基础，结合内地和港澳司法合作的成功经验，通过先民间后官方、先局部后整体的方式逐步推进。先通过加强民间合作，推动台湾地区司法机关和立法机关对阻碍两岸判决认可与执行的现有问题进行修正；再搭建两岸司法互助平台，协调处理两岸的司法互助工作；最后签订官方的司法互助协议，从制度上解决两岸法律冲突问题。

（责任编辑　孔繁琳）

美国公法域外管辖的理论分析与实践探讨

田　静[*]

田　静*

摘　要：公法域外管辖作为全球化时代的产物，是公法属地主义与私法高度自治相互妥协与融合的体现，兼具国内国际双重属性。它逾越了传统属地原则设立的藩篱，给公法在域外的适用带来空间。随着公法域外适用需求的显现、国家主权观念的转换、公法禁忌原则的突破以及法律形式主义的嬗变，公法域外管辖理论具备了一定的存在基础。但近几年，美国由对严格属地原则的固守转向对国家利益至上的推崇，使其公法域外管辖存在严重的法律、外交和道德张力。虽然美国国内法与国际法层面存在一些行使规范，但在具体的适用上仍缺乏相应的价值指引，有待于进一步的发展。

关键词：域外管辖　公法禁忌　效果原则　价值追求

一、问题的提出

近年来，美国出于对国家利益的考量掀起"逆全球化"风潮，频繁退出其主导订立的国际条约或构建的国际组织，同时凭借其超级大国地位、军事实力、强势美元、知识产权和信息技术优势，将本国公法单边性地予以域外适用，[①] 并在银行、证券、金融监管、进出口管制等众多领域管辖外国实体和个

---

* 田静，西北政法大学硕士研究生。本文系国家社科基金一般项目：《"一带一路"背景下跨境电子商务平台法律保障机制研究》（编号：18BFX213）阶段性研究成果；教育部人文社会科学研究一般项目：《美国〈外资风险安全审查现代化法案〉与中美贸易关系研究》（编号：19XJCZH00）阶段性研究成果；司法部国家法治与法学理论研究项目：《美国〈2018 外国投资风险审查现代化法案〉的新动向、挑战和应对》（编号：18SFB3046）阶段性研究成果。

① 万迎军：《法律战，国际经济战争中的"秘密武器"》，载《中国对外贸易》2019 年第 7 期。

人，使公法的域外管辖①问题愈演愈烈。事实上，公法的域外管辖衍生于国际体系的结构演变，有着全球化下独特的国家政治、经济与意识形态背景，即多元复杂的国际政治关系、客观存在的域外适用需求、难以调和的国家利益冲突、尚且缺失的国际权威机构四者之间存在紧绷的张力与限度。该问题一直以来是理论界与实务界颇受关注和争议的问题。综观美国公法域外管辖的演进历程，存在诸多问题与挑战，具体表现在以下几个方面：

第一，与国际法内在体系的演进相脱节。在经济全球化浪潮的推动下，国际法调整的重心日益从传统的外交性国家间政治关系的共存（Co‐Existence）领域转向非外交性的国家间经济、社会关系的合作（Co‐Operation）领域。②相应地，作为国家主权象征的管辖权在面临跨国犯罪与全球挑战等愈发增多的跨国治理需求时，应在确保国家和平共处的前提下，塑造更为开阔的国际合作视野，在管辖权的确立和行使上持积极性地适当扩张立场，实现国际层面管辖权的"无缝对接"。但囿于当下相应国际规范尚付阙如，公法域外管辖的实现往往伴随着恣意的扩张，在实践中常与国际法结构体系的转变不相适应。

第二，与传统冲突法理论适用相背离。资产阶级革命后，市民社会与国家政治经济由融合走向分离，使得国家出现一种新的"社会模式"，即通过划分公私法来构建相关的法律体系。长期以来，对法律域外适用的探讨主要局限于国际私法领域。而公法囿于其本身具有鲜明的政治色彩，是民族国家政治局势变迁的结果，对其管辖权范围严格限于一国"领土"内，法院地法通常会排除外国公法的适用，认为冲突规范不会指引外国公法的适用，即冲突法的"公法禁忌"（Public Law Taboo）原则。但进入20世纪后，国家在涉外经济领域把控愈发严格，竞争法、证券法、出口补贴、外汇管制等领域逐渐脱离了双边冲突规范的指引，呈现出鲜明的单边主义倾向。

第三，在一定程度上损抑国际组织权威、减弱国际合作。若一国能够通过依赖本国公法独立有效地解决跨国争议时，便不会在国际层面积极寻求与其他国家的通力合作。1945年美国在司法实践中率先将国内公法的管辖范围延伸到域外对本国国内产业产生影响的行为，并在国际上形成了一种将国际法律权利与国内司法补救措施相融合的新颖跨国公法诉讼模式。此后一些国家在面对深度调整的世界格局和日益增多的全球挑战时，不再求助于国际条约和相关的

---

① 一般而言，域外管辖权包括三方面的内容：立法管辖权（prescriptive jurisdiction），是国家将其法律适用于某些人或事物的权力，国会可以合理地扩展其立法权领域；司法管辖权（adjudicative jurisdiction），是使个人或事物服从司法程序的权力，可指法院的对人管辖权；执行管辖权（enforcement jurisdiction），则是指为执行某一法律或决定而采取管理行为的权力。

② 李春林：《论国际法的内在体系冲突》，载《当代法学》2005年第4期。

国际组织，而是越来越多地将国内法院和国内法律视为解决跨国挑战更直接更有效的方法。① 逐渐地，有学者认为，国内公法和法院可以作为一种国际治理工具以取代国际法，跨国公法诉讼冲击着传统的国际诉讼模式，致使当前很多诉讼当事人本能地求助于国内法院解决国际问题。②

第四，公法域外管辖在演进过程中存在自身缺陷。法律的主要意义在于协调人类的预期，以使人类的生活具有更高的可预见性。③ 公法的域外管辖于国际法而言仍处于法律灰色地带，既缺乏指导原则赋予的连贯性，又缺少明确规则所提供的确定性。④ 在各国自由裁量泛滥的情形下，易造成个人与实体在国际交往中的畏手畏脚与裹足不前。此外，在各国管辖权难以高效协调和国际结构性协调机制缺乏的状况下，一国域外管辖的恣意扩张伴随着侵犯他国主权的风险，极易引起他国的谴责与抵制。

综上所述，在全球化已成既定事实的情形下，对公法进行域外管辖也面临着体系性的规范缺失、理论适用的错综反复等现实问题，但跨国活动的关系复杂性、规模扩大性、主体多样性、利益交叉性使公法域外管辖具有一定的逻辑必然性。对这一问题进行的探讨，须立足于公法域外管辖的整体性视野和反思性功能，进行本体概念的阐释、行使规范的探析以及价值导向的追寻，进而从不同维度系统了解公法域外管辖的整体定位，为中国在深度参与和逐渐主导全球化过程中的国家实践提供理论支撑。

二、公法域外管辖之本体概念阐释

（一）公法域外管辖之概念界定

在国际社会中公法域外管辖并非是新问题，但因其复杂属性仍存有诸多分歧与争议。为了准确界定公法域外管辖之内涵，尚有以下几点需加以说明。

第一，本文所探讨的"公法"与私法相对。通常而言，公法主要指的是调整公共权力的运行、以公共权力为恒定的调整对象之一的法律，⑤ 但这一概

---

① Austen L. Parrish, *Reclaiming International Law from Extraterritoriality*, 93 Minn. L. Rev. 815, 820 – 21 (2009).

② Austen L. Parrish, *Reclaiming International Law from Extraterritoriality*, 93 Minn. L. Rev. 815, 820 – 21 (2009).

③ 刘志云主编：《国际关系与国际法学刊》，厦门大学出版社 2014 年版，第 38 页。

④ Predictability and Comity: *Toward Common Principles of Extraterritorial Jurisdiction*, 98 Harv. L. Rev. 1310, 1319 (1985).

⑤ 汪习根：《公法法治论——公、私法定位的反思》，载《中国法学》2002 年第 5 期。

念并非一成不变，在不同时代、法系和国家会有差异。本文探讨的"公法"范围主要囊括投资法、金融法、税法、证券法、价格法、反垄断法、反不正当竞争法、劳动法、产品质量法、消费者权益保护法、外汇管理法、外贸法等一系列将纯粹"政治性法律"（political law）排除在外的经济类法律法规。①

第二，对域外管辖中"域"的界定是以"法域"还是"领域"为基础这一问题，有学者认为参照"法域"适用更为准确，因为"法域"与"领域"并不总是相同，当"法域"小于"领域"时，适用"领域"有时会于无形之中扩大法律的效力范围；② 也有学者认为"域外"是指"国际法上的管辖领域"之外，不是国际私法上的"法域"之外，③ 在同一国家的不同法域适用法律不构成域外适用法律。因此，无论"领域"抑或是"法域"，都应区分适用主体，综合国情、法律及文化差异进行适用判断。于美国这一多法域国家而言，除联邦法律之外，大部分法律都散见于各州，只在各州内产生法律效力，立法者主权管辖范围与管辖法域并不对等。为简化分析，本文只探讨美国联邦法律的域外管辖问题，因此，参照"法域"来确定法律效力范围较为符合。

第三，公法域外效力（extraterritoriality）是探讨域外管辖时最常被提及的，有加以认识之必要。对域外效力的内涵主要有两种理解：第一种是指法律对域外之人、物、行为等适用本国法律而产生拘束力；第二种认为域外效力是法律被域外执行机关所适用，意味着它可以被该法律制定者管辖范围以外的司法机构用于处理有关的法律关系。④ 实质上，公法域外效力在美国法意义上不仅涉及公法对域外的拘束力，也涉及在域外的执行力问题。因此，有学者认为域外效力与域外管辖二者没有实质差别，表述同一法律关系，域外效力更多地是一种表象性的描述，域外管辖权才是较规范的国际公法用语。⑤

第四，公法域外适用也是本文需要厘清的一个概念，有广义与狭义之分，狭义上仅指国内法在主权范围外对外国主体的适用，奥斯汀·帕里什（Austen L. Parrish）教授认为，法律的域外适用归属于立法管辖权问题，这一点在美国《对外关系法重述（第三次）》（以下简称《重述三》）第 402 节中也有体现。广义的域外适用既包括国内法院实施司法管辖的行为，也包括国内行政机关适

---

① 何其生、孙慧：《外国公法适用的冲突法路径》，载《武大国际法评论》2011 年第 1 期。
② 孙国平：《论劳动法的域外效力》，载《清华法学》2014 年第 8 期。
③ 李庆明：《论美国域外管辖：概念、实践及中国因应》，载《国际法研究》2019 年第 3 期。
④ 吕岩峰：《刑法的域外效力辨析》，载《法制与社会发展》1998 年第 4 期。
⑤ 王中美：《竞争规则的国际协调》，人民出版社 2005 年版，第 46 页。

用和执行国内法的行为，① 因此，有时域外适用与域外管辖并不区分适用。

基于上文所述，公法域外管辖往往与公法域外适用和公法域外效力密切相关，公法域外适用是产生公法域外效力和实现公法域外管辖的前提，公法域外效力与公法域外管辖是公法域外适用的结果。更宽泛地讲，三者并没有较大且实质性的区别。因此，公法域外管辖可定义为一国将其国内公法延伸至域外，并据此在域外进行管辖的权力。② 具体而言，美国公法域外管辖包括三方面的内容：

一是国会可以制定本国公法，要求适用于本国管辖范围之外人、物、事件或行为等。比如，1998 年修订的美国《反海外腐败法》就具有域外适用效力，该法对外国实体与个人均具有拘束力，无论其行为是否使用美国邮政系统或是其他转移支付的工具均可成为被管辖主体。

二是司法机关可使域外个人或事务服从本国的司法程序，进而适用本国公法。譬如，在 1945 年 "美洲铝业公司案"（United States v. Aluminum Co. of Am.）中，在加拿大注册的美洲铝业公司因参与同英国、瑞士、法国等国厂商在美国境外订立的铝业出口价格协议，被美国联邦政府以限制美国铝业的生产与出口为由在本国提起诉讼。③ 在本案中汉恩德（Learned Hand）法官首次指出："《谢尔曼法》适用于外国企业在美国境外订立的协议，如果其意图是影响对美国的出口，且事实上影响了对美国的出口。" 由此开创了 1890 年美国《谢尔曼法》主张域外管辖的先河。

三是行政机关为执行本国公法而采取的对域外行为进行管理的权力。例如，美国对伊朗、伊拉克、古巴等国发起的金融制裁，通过银行系统对被制裁对象进行资产冻结、财政制裁、切断美元获取渠道等。

依传统国际法，国会可以合理扩展本国公法的管辖范围，条件是不超过国际法规定的界限。但司法机关与行政机关因涉及法律的具体实施，应该严格限制在该国领土范围内，非经其他国家同意或有关国际条约授权，一国不应在其他国家领土或是领土以外的区域行使执行管辖权，否则将会构成对他国主权的干涉。但在经济全球化浪潮的推动下，三种形式的管辖权行使方式也逐渐呈现出扩张态势。事实上，公法域外管辖经历了一个 "由点及面" 的过程。二战后，美国的经济实力得到了前所未有的提升，出于对本国利益的维护，美国强行在域外适用本国公法。对此种做法，欧盟、加拿大、法国等众多国家纷纷进

---

① 廖诗评：《国内法域外适用及其应对——以美国法域外适用措施为例》，载《环球法律评论》2019 年第 3 期。

② 唐承元：《亚非法律协商会议关于域外管辖权问题的探讨》，载《中国国际法年刊（2000/2001）》，法律出版社 2005 年版，第 265 页。

③ United States v. Aluminum Co. of Am., 148 F. 2d 416, 421 (2d Cir. 1945).

行多维度的反抗与抵制，在政治上通过外交抗议与报复来抵制、在经济上尝试建立美元以外的清算系统来减少影响、在法律上颁布一系列阻却立法进行反制。虽取得一定成效，但总体而言未能有效阻止美国将其公法适用于越来越多的领域。在此情况下，各国做法也由强烈抵制转变为纷纷效仿，于是在竞争法、贸易法、投资法、证券法、金融法等众多领域中都存在各国公法单边域外管辖的实践。由此可见，公法域外管辖不仅是全球化时代的产物，也是全球化下不可回避的现实问题。

（二）公法域外管辖之演进基础

自威斯特伐利亚时代开始，自行制定和独立行使管辖权事项就成为各国主权的重要体现之一，也成为全球化浪潮最后席卷的领域。公法域外管辖作为国际私法和国际公法两个领域的交叉地带，在适用方式上较为"强势"，因此带有强烈的单边主义倾向。综观公法域外管辖的演进基础，与公法域外适用的显现、国家主权观念的转换、"公法禁忌"原则的突破以及法律形式主义的嬗变息息相关。

1. 公法域外需求的显现

法律应更多地回应社会需求，从而使执法机构能够更完全、更理智地考虑那些法律必须从它们出发并且将运用于它们的社会事实。[①] 从这个意义而言，域外管辖的产生实质是对公法域外适用需求的回应。随着经济全球化的深入发展，国家间的联系日益紧密、科学技术的日新月异、现代商业公司的迅猛发展，全球经济活动日益呈现出交叉性、跨国性等特征，对管辖权的严格限制难以适应社会经济的发展要求。在税法、证券法、反不正当竞争法、对外贸易管制法、金融法、外汇管理法等公法领域的域外效力需求已崭露头角。不可避免地，国家公法的地理适用范围面临并最终蔓延到国家领土边界，[②] 在跨国活动中意图完全回避公法的域外适用几乎是不现实的。

此外，国际法尚处于起步阶段，还尚未发展出同国内法律制度类似的管辖权制度，但公法领域的域外适用又具有急迫的现实需求，那么将本国公法赋予域外效力是当下较为可行之选。

2. 国家主权观念的转换

自 1648 年《威斯特伐利亚和约》（*Treaty of Westphalia*）将国家主权原则

---

① 朱晓青主编：《变化中的国际法：热点与前沿》，中国社会科学出版社 2012 年版，第 485 页。

② Gary B. Born, *A Reappraisal of the Extraterritorial Reach of U. S. Law*, 24 Law & Pol'y Int'l Bus. 1, 21（1992）.

确立为国际法的基本原则以来，一国领土主权的绝对权威理论便获得了支配地位，① 并在很大程度上决定了国际法运作轨迹，亦为外交僵局、军事对抗与法律争议埋下了种子，即使是 20 世纪最为重要的国际组织——联合国，也旨在巩固而非削弱主权国家之秩序。② 一国管辖权的行使是国家主权的体现，管辖权事宜也限定于一国边界内。基于此，国家主权作为国际关系框架的至高地位表明，一国公法的域外管辖将会损害到其他国家和整个国际体系。

冷战后全球法律秩序发生了显著变化，国际社会的发展轨迹也存在诸多纷繁复杂的因素，局部冲突与战争不断、恐怖主义及核扩散的威胁逐渐在全球范围内蔓延，正所谓"覆巢之下，安有完卵"，构建国际法协调机制成为主权国家的必然选择，与此同时，否认和弱化国家主权言论在欧美国家甚嚣尘上。联合国、国际货币基金组织、世界银行等国际组织开始深度超越主权国家的传统边界，国家在很大程度上将其职能让渡于更具包容性的跨国机构与国际组织。新兴国家主权观逐渐形成，但无论主权弱化论还是全球治理论，这在全球化已成既定事实的情形下为公法的域外管辖创造了有利条件。

3. "公法禁忌"原则的突破

囿于受到公私法二元传统划分的影响，冲突法领域素有排除外国公法适用的理论认知，当涉及刑法、税法、反垄断法或证券法等公法性质的法律时，法院将不会适用该法进行判决或执行，美国学者将其概称为"公法禁忌"（Public Law Taboo）原则。③ 但在二战后，亚当·斯密的"自由主义"思想导致市场失灵频发，经济危机、物价下跌、产业萎靡、失业剧增使得国家干预经济迫在眉睫。凯恩斯的国家干预主义大行其道，反映在法律领域便是"社会立法"现象的出现，即在私法自治的范围内，出现了公法介入的趋势，目的是把"私人活动的导向特定的目的并有利于特定的群体"④。

但"公法禁忌"与"公法无域外效力"有所不同。一般而言，公法无域外效力可以有两方面的理解：一是本国公法对域外的人、物或行为不具有拘束力，即公法适用的严格属地性，如美国反域外适用推定；二是本国公法被域外执行机关排除适用，也就是"公法禁忌"原则。在此理解下，"公法禁忌"原则的突破是"公法具备域外效力"的实现路径之一。

---

① Christopher L. Blakesley & Dan E. Stigall, *The Myopia of U. S. v. Martinelli: Extraterritorial Jurisdiction in the 21st Century*, 39 Geo. Wash. Int'l L. Rev. 1, p. 7 - 8.

② Extraterritoriality, 124 Harv. L. Rev. 1226, 1228（2011）.

③ Breaking the Public Law Taboo, 43 Harv. Int'l L. J. 161, 166（2002）.

④ 参见［德］弗里德利希·冯·哈耶克：《法律、立法与自由》（第 1 卷），邓正来、张守东、李静冰译，中国大百科全书出版社 2000 年版，第 47 页。

4. 法律形式主义的嬗变

领土的消亡伴随着法律理论的变化。在 19 世纪末 20 世纪初，地域性风靡一时，与此相吻合的法律形式主义（formalism）是当时的法律的主流思维模式，该理论要旨为：判决源自不可变易的正义原则，法官宣告而非创制法律。[①] 二战结束以后，国际卡特尔、跨国移民、人口控制等复杂国际关系使得各国调节跨国活动的压力越来越大，在面对应接不暇的全球挑战，传统"机械"的法律规制方法显得力不从心。在此情形下，法律功能主义（functionalism）对传统冲突法通过"盲目"选择法律而忽视实体法所体现的公共利益和社会政策以及个案的公正解决的做法进行了猛烈抨击，代之以灵活的法律选择方法。[②] 而领土作为法律适用地理范围的限制，随之丧失了部分效力。

公法的域外管辖产生于法律形式主义向法律功能主义过渡阶段，是领土主义与域外主义相互交融的产物。在适用严格领土管辖原则变得愈发不现实的情况下，扩大内国公法的地域范围，不失为一种可行的替代性措施。

三、公法域外管辖之行使规范探析

公法域外管辖虽具备一定的存在基础，但无论从"实然"还是"应然"角度，其本质上是对利益关系的一种反映。[③] 若各国都通过国内法的路径来维护本国利益，对相关国家进行非理性的法律对抗，则整个国际社会又会回到"丛林法则"的时代。[④] 因此，公法的域外管辖应具备一定的法律谦抑性，抑制其在适用时呈现出的单边主义倾向。事实上，无论是美国国内法抑或是国际法都或多或少地蕴含着谦抑性。

（一）美国法之行使规范

美国确立一项法律的域外适用规则通常基于以下几个考量因素：

1. 国会的立法意图

如前所述，一国制定适用于域外的法律是主权范围内的事项，美国国会可以根据自己意愿扩大法律的适用范围。但通常情况并非如此，国会在立法时偏

---

① See G Aichele Legal realism and twentieth – century American Jurisprudence：the changing consensus，New York：Gartand Publishing. Inc. 1990，p. 4.

② 杨华：《直接适用法的理论与实践》，湖南师范大学 2016 年博士学位论文。

③ 张文显主编：《法理学》，高等教育出版社 2002 年版，第 54 页。

④ 张守文：《贸易战、全球经济治理与经济法的完善》，载《武汉大学学报（哲学社会科学版）》2019 年第 5 期。

好制定"沉默法规（Silent Statutes）"采用无固定限制的通用术语，对是否适用于发生在美国境外的行为保持沉默。

在实践中，联邦法院长期以来采用解释性规则来具体适用此类法规，最常被引用的经典是"反域外适用推定"（Presumption Against Extraterritoriality）即"除非有相反意图，否则国会立法仅在美国的领土管辖范围内适用"。这是美国长期存在的一项原则。但该原则在 1945 年美国诉美洲铝业公司（United States v. America Co. of America）①案中被打破，规定《谢尔曼法》适用于以下外国行为：（1）意图影响美国商业；（2）实际上确实影响了美国的贸易。由此打开了"域外适用"的闸门。2013 年，柯欧贝诉荷兰皇家石油公司（Kiobel v. Royal Dutch Petroleum）案②又对此问题进行了修正，重申了反域外适用推定原则，对域外立法管辖权与司法管辖权的行使进行了一定程度的限制。

2. 法规的推定范围

若国会确立的一项法律未能受到"反域外适用推定原则"的限制时，还需要继续受"迷人的贝琪原则"（the Charming Betsy principle）的约束，该原则源于 1804 年的"默里诉贝茜案"（Murray v. Schooner Charming Betsy）③，最高法院指出："如果还有其他可能的解释，国会的行为永远不应该被解释为违反国际法。"这个经典表述已被定义为协调国际法与美国法律制度的重要组成部分。在 1987 年美国《重述三》中规定："在相当可能的情况下，对美国规约的解释不得与国际法或美国的国际协定相冲突。"也正是这一原则的体现。

"迷人的贝琪原则"确立初期涵盖了两种考虑因素：（1）实现立法意图。即假设国会通常不希望违反国际法，冒犯其他国家，并给美国带来外交关系上的困难，因此立法者通常具有国际守法的特征。（2）符合国际主义观念。本质上，国际主义观念将该原则视为补充美国法律并使之符合国际法轮廓的一种手段。④这一原则虽经后期事态发展有所变化，但美国学者认为基于加强三权分立的考虑，迄今仍有适用之充足理由。

3. 司法自由裁量权

司法自由裁量权，譬如"国际礼让原则""合理性原则"等。

（1）礼让原则的适用。礼让原则一直作为美国对外关系法的核心原则之一，对美国法律影响巨大。虽然在全球化背景下，严格主权原则的逐渐淡化使得礼

---

① United States v. Aluminum Co. of Am., 148 F. 2d 416 (2d Cir. 1945).
② Kiobel v. Royal Dutch Petroleum Co., 569 U. S. 108, 133 S. Ct. 1659, 185 L. Ed. 2d 671 (2013).
③ Murray v. Schooner Charming Betsy, The, 6 U. S. 64, 77, 2 L. Ed. 208 (1804).
④ Curtis A. Bradley, *The Charming Betsy Canon and Separation of Powers: Rethinking the Interpretive Role of International Law*, 86 Geo. L. J. 479, 498 (1998).

让的适用很大程度上被改变，从为方便起诉的私人利益转变为主权和促进友好关系的公共利益服务，但对公法的域外管辖问题美国法院仍放置于既有的冲突法框架内解决。威廉·道奇（William Dodge）教授于 2015 年通过对礼让行为者的归纳分类，对礼让原则进行了较为全面的阐述，将礼让分为以下三种情况：一是立法礼让（prescriptive comity），即主权国家通过限制司法管辖权的范围而相互给予尊重，① 是在法院面对模糊的法条规定时，帮助法院决定其背后的国会立法意图的一种解释规则，一旦国会明确或已确定，法院则无权拒绝执行国会之立法意图。② 通常援引"反域外适用推定"、《重述三》第 403 节以及外国强制性原则进行逐案利益平衡以达到对美国法律的适用范围进行约束的目的。③ 二是司法礼让（adjudicative comity），即美国法院通过限制人身管辖权对外国法院实施的礼让。作为一种约束性原则，司法礼让通过多种原则来限制美国法院管辖权的行使，其目的通常是避免多次诉讼。三是主权当事人礼让（sovereign party comity），是指外国主权者作为国内民事诉讼的当事人享有的豁免特权，即根据国家豁免理论给予外国国家及其财产在管辖和执行上豁免的特权，实质上是对外国主权者身份的礼让。④ 在实践中，较多适用的主要是前两种。

（2）合理行使管辖权原则。当国家的管辖权根据（bases for jurisdiction）符合国际公认的基础之后，还必须进行一个额外的"合理性分析"来决定是否行使管辖权是允许的。这一分析详尽规定在美国《重述三》中，其中第 403 条指出，即使已经具备了第 402 条所规定的某项管辖权根据，但如果一国就涉外的人或活动行使立法管辖权是不合理的，那么该国仍不能行使立法管辖权，⑤ 并于第 2 款列出法院还应该评估八种利益平衡因素。⑥《重述三》虽然承认领土性是管辖权行使的主要依据，但认为过度的形式主义和对他国主权的过分关注是对领土和国籍原则灵活适用的桎梏。主张僵化的概念应被更广泛的标准所取代，这些标准将合理性与公平性包含在内，以容纳国家管辖权的重叠与冲突，⑦ 简

① Hartford Fire Ins. Co. v. California, 509 U. S. 764, 817, 113 S. Ct. 2891, 2920, 125 L. Ed. 2d 612 (1993).

② Todd Keithley, *Does the National Labor Relations Act Extend to Americans who are Temporarily Abroad?*, Columbia Law Review, Vol. 105, 2005, p. 2159.

③ William S. Dodge, International Comity in American Law, 115 Colum. L. Rev. 2071, 2108 (2015).

④ 卜璐：《外国公法在美国法院的效力和适用》，载《国际法研究》2019 年第 4 期。

⑤ Restatement (3rd) of the Foreign Relations Law of the United States, §§ 402 (1)（c）, 403 (1987).

⑥ Restatement (Third) Foreign Relations Law of the United States, at § 403 (2)（a）-（h）.

⑦ Jeffrey A. Meyer, *Dual Illegality and Geo ambiguous Law: A New Rule for Extraterritorial Application of U. S. Law*, 95 Minn. L. Rev. 110, 146 (2010).

言之,《重述三》以多方面的合理性取代了领土性,并试图将效果原则作为管辖权行使的根据以使其"合法化",视之为领土管辖的特殊适用,而非域外管辖的独特形式。

(二) 国际法之行使规范

1. 域外管辖权的合理行使应满足的行为规范

域外管辖权的合理行使应满足两个条件的行为规范:一是具备国际法承认的管辖权基础;二是不得违反一个或多个国家受法律保护的利益。① 具体而言,"管辖权基础 (jurisdiction bases)"可以理解为国家与私人行为之间的联系,目的是证明国家在制定与该行为有关的规范时是正当的。根据联合国国际委员会的观点,当下国际法所认可的管辖权基础有:"客观"属地原则、普遍原则、保护原则、国籍原则、被动人格原则、"效果主义"。主张任何域外管辖权必须至少依据上述原则之一,才能够在国际法上有效。一个以上的上述原则也许都关系到一个特殊案件中取决于具体情况的域外管辖权的有效性。②

因美国不仅依据"效果主义"对影响国内市场的域外行为进行管辖,而且试图通过扩大"效果"对他国实施经济制裁,如《赫尔姆斯-伯顿法》和《达马托-肯尼迪法》等。此外,由于跨国案件本身的复杂度,加之不少国家出于自身利益的维护对"效果原则"进行利己解释,致使各国衍生行使域外管辖权的不合理依据,引发国际社会对"效果主义"合理行使的深层次思考。

2. 对有关规范的调查研究

在国际法层面,不论是要查明国际法的规范还是适用规则,都离不开对有关规范渊源的调查研究。③ 公法域外管辖的行使若符合国际法渊源的形式,在行使时就会有充分的国际法依据,不会因缺乏法律基础而遭到别国的指责与抵制,但近代以来国际社会的规范体制是一种"国家间体制"(inter-state system),即"主权国家相互独立,并存于同一个国际社会,作为法律共同体的初级阶段"。④ 在该体制下,管辖权属一国的保留事项,国际条约与习惯国际法未发展出相应的规范制度。

(1) 国际条约规范主体受限。各国间的相互依存度不断加深,但综观涉及

---

① David J. Gerber, *Prescriptive Authority*: *Global Markets as A Challenge to National Regulatory Systems*, 26. Hous. J. Int'l L. 287.

② 联合国第五十八届会议大会正式记录,补编第 10 号 (A/61/10)。

③ 邵津主编:《国际法》,北京大学出版社、高等教育出版社 2014 年版,第 11 页。

④ [韩] 刘炳华:《国际法》(上),朴国哲、朴永姬译,中国政法大学出版社 1997 年版,第 10 页。

管辖权事项的国际条约，不难发现域外管辖权的处境仍略显窘迫：其一，专章规定管辖权性质的国际条约几乎不存在，且即使有条约专章规定了管辖权事宜，其形式也是关于某一领域的零星分布，是一个个彼此独立的"管辖权孤岛"。其二，国际条约原则上只能约束缔约国，"条约必须遵守"原则也只是针对缔约国而言，非缔约国无须遵守条约项下的约定义务，而且任何条约也不可能达到所有国家缔结的程度。因此，域外管辖权制度能在多大范围内通过国际条约实现，不仅取决于条约缔约国的数量，也取决于将来国际社会对管辖权的协调。

（2）习惯国际法适用不明朗。美国学者认为就管辖权的行使而言，国际社会仍然没有通过"协商"形成广泛接受的限制性规则，现今各国有充分的自由来决定行使管辖权的范围和方式，[①] 由此在习惯国际法中，国家可以任意事项自由行使管辖权而不受限制，除非受到国际法禁止性规则的限制。

在"荷花号"一案中，PCIJ 在对国家法律宽松与严格的界限上，它倾向了前者，以"法无禁止即自由"来处理复杂的域外管辖问题。在国际法领域缺乏有关此问题的"硬性"法律时，其能否作为一项习惯国际法而通行适用尚值得商榷，依《国际法院规约》的措辞习惯国际法的形成需满足"通例"与"法律确信"两个构成要素，但迄今为止尚未出现全体国际社会成员对一规则持一致主张的情形。

综上可知，无论是从美国国内法角度抑或是国际法角度，对公法域外管辖这一问题都缺乏系统、明确且实质性的规范约束，相关理论层面规制的缺失导致美国公法域外管辖更多地呈现出单边主义与霸权主义色彩。

四、公法域外管辖之价值导向追寻

法律和法治实践离不开价值导向，法律规范自价值判断转化而来，是事实性与规范性的互动。[②] 公法域外管辖的国际国内相关理论依据及司法实践的复杂紊乱，与价值基础的对接失当有关，一国法律价值的追求，不仅应体现为对当前本国利益的追求与维护，更应从国际视野出发立足长远利益的追求。

（一）推进国内法与国际法的协调并重

公法域外管辖不仅是国内法还关涉国际法，应统筹国内国际两种法治资源

---

① Harold G. Maier, *Jurisdictional Rules in Customary International Law In Dr. Karl M. Messene d. Extra-territorial Jurisdiction in Theory and Practice*, Kluwer Law International 1996, p. 65.
② 陈晓庆、张斌峰：《试论法律价值逻辑》，载《湖北大学学报（哲学社会科学版）》2019 年第 5 期。

进行协调并重。长久以来，对域外管辖权事宜国内法与国际法一直处于"并行不轨"状态，这样的模式就国际法而言，即使存在较为妥善贴切的对策，但欠缺对国内法规则的精确把握，也会导致相关国际规则难以在国内较好的转化适用。对国内法而言，一国主张公法的域外管辖往往会面临来自他国的抵制与谴责，主要的原因在于欠缺相关的国际依据或是违背相关的国际义务，未能实现国内法与国际法的有效对接。实际上，公法域外管辖现象的出现也正是由于国内法与国际法相脱节的缘故。有学者认为："域外管辖长期以来的发展是由于未能受到国际法的阻碍，有必要为避免管辖权的冲突而从国际法的角度来对之确立适当的规则。"①

可见，一国对本国公法的域外管辖问题进行立法规定时，不仅应立足于本国公法的预见性与前沿性，还应从相关的国际法视野出发，促成国家间双边乃至多边的合作。例如，美国在 1994 年制定的《国际反垄断执行协助法令》授权美国政府主管机构与外国政府谈判和签订有关促进民事、刑事调查中文件和证据交流的双边协议。②类似的协议还有 1984 年《美国和加拿大关于国内反垄断法域外适用的通知、磋商与合作的谅解备忘录》等。③但就当下而言，直接构建对管辖权事宜高效协调的国际法体系尚不可行，现实的做法应立足于完善本国国内对域外管辖的相关规定，增强公法域外管辖的稳定性及预见性，并以单边自我约束推动双边互相协调乃至多边共同发展，最终促成国际法与国内法的良性互动，实现二者之间的有效对接，协调并重，便能更好地从根本上改变因国内法与国际法对接不当而引发的国际问题。

（二）促成公法域外管辖的国际私法化范式

早在 13 世纪巴托鲁斯（Bartolus）就提出涉及私法域外适用的"法则区别说"，之后经荷兰的胡伯（Huber）和德国的萨维尼（Savigny）等学者的完善，形成较为完备的冲突法范式，取得各国对"私法"域外效力的普遍认可。与私法不同的是，在公法领域一旦确认国内法院对发生在域外的犯罪行为或经济行为具有管辖权，就必须对该行为适用本国公法，不可能出现对发生在域外的犯罪行为或经济行为适用外国公法的情形。④随着全球化进程的深入，冲突法

---

① L. A. Sheerer, *Stark's International Law*, Butterworths, 1994, p. 189.
② 李金泽：《跨国公司的域外管辖权》，载《中国国际法年刊（2000/2001）》，法律出版社 2005年版，第 156 页。
③ 23 International Legal Materials, p. 275（1984）.
④ 朱利江：《域外管辖权》，载《北京大学法学百科全书——国际公法学·国际私法学》，北京大学出版社 2016 年，第 698 页。

逐渐突破了传统的私法领域，开始调整具有公法性质的国际经济关系。

1975 年，国际私法协会在威斯巴登会议上达成的《外国公法的适用》的决议（又称《威斯巴登决议》），可谓是国际私法学界直接针对外国公法的适用问题作出的最具影响力也最为激进的突破。① 此后在 1978 年的《奥地利联邦国际私法》就涉及通过国际私法特有的冲突法机制解决各国竞争法域外适用所产生的法律冲突问题。1988 年，《瑞士联邦国际私法》在解决涉外经济立法域外适用法律冲突方面规定得更为广泛和明确。但公法域外管辖还仅停留在国家单方面的立法支持和司法实践上，缺少国家间的相互承认和合作。因此，公法域外管辖要形成类似私法化的范式，须努力构建国家间的合作与承认对方公法规范的法律环境。

（三）体现对他国利益的司法关怀

党的十八大报告明确提出要倡导人类命运共同体意识，在追求本国利益时兼顾他国利益的合理关切，在谋求本国发展中促进各国共同发展，建立更加平等均衡的新型全球发展伙伴关系。"国际法涉及的重要问题也是国家对价值的追求，以及它们甘冒风险保护特定价值和为了实现这些价值而采取的适当政策。"② 国家行使域外管辖更多的是基于国家利益的考量，但各国价值追求、利益衡量及行为表现各异。而且在很多情况下，一国公法的域外管辖不仅仅是单纯的法律问题。若一国行使域外管辖权单纯从本国利益最大化出发而忽视他国利益，在经济全球化和政治一体化趋势加强的背景下，越来越多的国家会出于维护本国利益行使域外管辖权，那么必然会导致国家之间利益的冲突，使得国家陷入"囚徒困境"之中。

美国在极力主张公法域外管辖时所引发的抵制以及之后在实践中的变通与协调正是表明了，罔顾他国利益，对域外事务主张管辖权。在单次博弈下，可能会获得短期最大利益，但放在重复博弈的背景下，会引发国家间的管辖权冲突，遭致他国的抵制，失去的是长远利益。例如，美国联邦最高法院在 1976 年"汤伯莱恩案"（Timberlane lumber Co. v. Bank of America）③ 中增加了 7 个方面利益平衡的分析，不仅增加管辖权行使的客观性和可预测性，同时也使相关国家更为信服。在当下全球化深入发展、各国依存度日益紧密的背景下，单边主义是零和思维，结果必然是损人害己的。加强国家间的信任与沟通，体现

---

① 章晶：《反思冲突法"公法禁忌"原则之突破》，南京大学 2012 年硕士学位论文。
② 刘志云主编：《国际关系与国际法学刊》，厦门大学出版社 2014 年版，第 29 页。
③ Timberlane Lumber Co. v. Bank of Am. , N. T. & S. A. , 549 F. 2d 597 (9th Cir. 1976) .

对他国利益的司法关怀，才是国际社会长远的价值追求。

（四）注重国际共有利益的整体平衡

"公地悲剧"理论揭示了国际共有利益的重要意义，在公法域外管辖领域的过度主张也存在类似产权经济学上的"公地悲剧"的现象，所谓"公地悲剧"是一种由于排他性产权缺失或太弱造成竞用性资源被过度使用的悲剧。这一理论同样可以用于国际社会，在非零和的国际政治博弈中，一个重要国家的行为会影响其他国家的预期，从而影响它们未来的行为。预期一个国家将放弃原则会鼓励其他国家也如此行事。由此，国际体系将会向不良的方向发展或采取"丛林法则"。① 在公法域外管辖行使中，国家同样以追求本国利益为首要目标，为实现自身利益，过度使用域外管辖权，每个国家皆如此的话，国际共同利益必然要出现"悲剧"。正如法泰尔（Vattel）所言：国家间的特定法律对世界秩序必不可少，任何国家都有权执行它们，甚至可以通过武力来执行。自然社会的法律对所有国家的安全都至关重要，如果践踏它们的习惯一旦流行，任何国家都不能自以为有希望保持其国家的存在，享受其在国内的安宁。从这一角度出发，对公法域外管辖现象的解决，也必须放置于国际整体利益而言，平衡各方利益。

结　语

公法的域外管辖及其引发的法律冲突，在国际社会的发展中是在所难免的。虽然在经济全球化背景下公法的域外管辖是当前可行性较高的一种代替性措施，但各国在面对全球挑战与国际问题时，不应单枪匹马地依赖公法的域外管辖来解决，而应在国际层面积极与他国开展磋商与和谈。全球问题需要全球性解决方案，更需要树立全球化的价值论导向。同样地，中国作为国际社会的一员，当前也亟待认真研究公法域外管辖的相关理论与实践，在积极回应美国域外管辖时，也要注重与其他国家的合作，并协助海外企业以及个人做好应对措施。同时也应考虑完善中国对外关系法，包括管辖权制度、国际司法协助制度和阻却立法，② 以便在深度参与和逐渐主导全球化过程中发挥应有的大国作用。

（责任编辑　徐天志）

---

① 徐崇利：《科学主义国际关系理论与国际法原理》，载《国际关系与国际法学刊》，厦门大学出版社 2014 年版，第 30 页。

② 李庆明：《论美国域外管辖：概念、实践及中国因应》，载《国际法研究》2019 年第 3 期。

图书在版编目（CIP）数据

南开法律评论. 总第十四辑 / 王海龙主编. —北京：中国检察出版社，
2020.8
ISBN 978 - 7 - 5102 - 2463 - 8

Ⅰ. ①南… Ⅱ. ①王… Ⅲ. ①法律 - 文集 Ⅳ. ①D9 - 53

中国版本图书馆 CIP 数据核字（2020）第 124323 号

南开法律评论 总第十四辑

王海龙 主编

出版发行：中国检察出版社
社 址：北京市石景山区香山南路 109 号 （100144）
网 址：中国检察出版社（www. zgjccbs. com）
编辑电话：(010)86423753
发行电话：(010)86423726 86423727 86423728
(010)86423730 68650016
经 销：新华书店
印 刷：北京玺诚印务有限公司
开 本：710 mm×960 mm 16 开
印 张：8.5
字 数：154 千字
版 次：2020 年 8 月第一版 2020 年 8 月第一次印刷
书 号：ISBN 978 - 7 - 5102 - 2463 - 8
定 价：28.00 元